ちくま学芸文庫

色彩について

ルートウィヒ・ウィトゲンシュタイン
中村 昇　瀬嶋貞徳 訳

筑摩書房

REMARKS ON COLOUR
by Ludwig Wittgenstein

目次

色彩について

編者まえがき

本書の第Ⅲ部には、一九五〇年の春オックスフォードで書かれた手稿の主要部分が収録されている。この手稿にふくまれている「内的―外的」の問題やシェークスピアについての諸考察、および人生についての一般的な省察は除外した。これらはすべてウィトゲンシュタインによってこのテキストには属さないものだという指示が付けられていたからだ。それらはのちに巻を新たにして公刊されることになろう。

第Ⅰ部は一九五一年の三月ケンブリッジで書かれた。これは、若干の補足を別にすれば、以前に書かれていた原稿〔つまり第Ⅲ部〕から選びだされ、同時に修正を加えられたものである。

第Ⅱ部が第Ⅲ部より以前のものなのか以後のものなのかは定かではない。これは日付のないルーズリーフに書き留められたものであり、そこにはこれ以外にも確実性についてのメモもふくまれている。これらの紙片は、ウィトゲンシュタインが一九五一年の二月に、そこで最期を迎えるつもりでベヴァン医師の家のあるケンブリッジへ赴いた際に、彼がオックスフォードの私の家に残していったものである。

ウィトゲンシュタインの遺稿管理者たちは、これらの資料全体が公刊するに格好のものであると考えた。というのも、これらの資料は、最初の下書きがまずあって、のちにこの草稿のなかから取捨選択するという作業の特徴をよく示す一つの実例を提供しているからだ。のちの稿本にウィトゲンシュタインが取り入れないでしまったものの多くも、きわめて興味深く、したがってテキストをそっくりそのまま呈示することのできる公刊の方法が選ばれることになった。

テキストの編集は、G・H・フォン・ウリクト氏が用意してくれた手稿の周到なタイプ印刷や、それとは別にリンダ・マッカリスターとマーガレット・シェッテルの手によるコピーがあったおかげで、とても楽になった。またL・ラボォスキー博士にも、ドイツ語のテキストをご校閲していただいたことに感謝申し上げたい。

G・E・M・アンスコム

凡例

一　本書は Ludwig Wittgenstein, *Remarks on Colour*, Basil Blackwell, Oxford, 1977. の全訳である。原著は独英対訳本であるが、英訳を参照しつつドイツ語により訳した。また Ludwig Wittgenstein Werkausgabe vol. 8, Suhrkamp, Frankfurt am Main, 1984. も参考にした。

二　訳文中の括弧や符号は次のように使用している。
［　］（　）……原著者が使用しているもの。
「　」『　』……原著ではそれぞれ‚ ‘ „ “となっているもの。
〔　〕…………訳者が文意を明確にするため補足したもの。
なお、原著におけるイタリック体は、ゴシック体にした。

三　ウィトゲンシュタインの他の著作への参照指示は、次のような略記号を用い、訳註に入れた。
『全集』……『ウィトゲンシュタイン全集』全十二巻、山本信・大森荘蔵編集、大修館書店、一九七五～八八年。
BB: *The Blue and Brown Books*, Basil Blackwell, Oxford, 1958.
BPPI, II: *Bemerkungen über die Philosophie der Psychologie* in Werkausgabe vol. 7, Suhrkamp,

1984.

PB: *Philosophische Bemerkungen* in Werkausgabe vol. 2, Suhrkamp, 1984.

PU: *Philosophische Untersuchungen* in Werkausgabe vol. 1, Suhrkamp, 1984.

UG: *Über Gewißheit* in Werkausgabe vol. 8, Suhrkamp, 1984.

VB: *Vermischte Bemerkungen* in Werkausgabe vol. 8, Suhrkamp, 1984.

WWK: *Ludwig Wittgenstein und der Wiener Kreis* in Werkausgabe vol. 3, Suhrkamp, 1984.

Z: *Zettel* in Werkausgabe vol. 8, Suhrkamp, 1984.

第I部

——ある言語ゲームがある。ある物体が他の物体より明るいか暗いかについて報告する、というものだ。——ところで、それと似たもう一つの言語ゲームがある。特定の色調の明るさの関係について言明する、というものだ。（二つの棒の長さの関係を規定することと、二つの数の関係を規定することとを、この二つの言語ゲームと対比することができよう。）——二つの言語ゲームにおける命題の形式は『XはYより明るい』という同じ形式になる。しかし前者においてはそのXとYの関係は外的関係であり、その命題が時間的なものであるのに対して、後者はその関係は内的関係であり、その命題は無時間的なものとなる。(訳註1)

（訳註1）「私はたしかに、この服はあの服よりも暗い、と言うことが出来る。しかし私

は、この色はあの色よりも暗い、と言うことは出来ない。なぜならば、このことは色の本質に属しているから。このことなしには、色は考え得ないのである。（中略）しかし純粋な色の性質の間では、ただ内的関係のみが成り立ち得るのである。私は、色を特徴づけるのに、その性質によってより以外に、他の方法をまったく持っていないのである」。『ウィトゲンシュタインとウィーン学団』黒崎宏訳、『全集』5、七六頁（WWK. S. 55.）。

二 一枚の白い紙が青空から明るさを受けとる様子が描かれている絵のなかでは、青空はその白い紙よりも明るい。しかし別の意味では青の方が暗い色であり、白の方が明るい色だ（ゲーテ）。(訳註2) パレットの上では白がいちばん明るい色である。

(訳註2) たとえばゲーテは彼の『色彩論』のなかで次のように述べている。「能動（プラス）の側に、光、明るいもの、白いものに直接付随して生ずるのは黄色である。……同様に受動（マイナス）の側に闇、暗いもの、黒いものに付随して惹き起こされるものは、青またはむしろ赤みがかった青の現象を直接に伴っている」。『色彩論』木村直司訳、

37章（『ゲーテ全集』14、潮出版社、一九八〇年、四〇二頁；Goethe; Sämtliche Werke 10, *Zur Farbenlehre*, Münchner Ausgabe, 1989, SS. 162-3.）を参照。

三　リヒテンベルク（訳註3）は、純白を見たことのある人はごくわずかしかいない、と言っている（訳註4）。そうなると、「純白」という語を、たいていの人は誤って使っていることになるのか？　**当のリヒテンベルク**は、その語の正しい使い方をどのようにして学んだのだろうか？——彼はその語の通常の使い方から理想的な使い方を構成したのだ。そしてこれは、彼がよりすぐれた使い方を構成したという意味ではなく、ある方向で純化された使い方を構成したという意味であり、ここではなにかが極限まで押しすすめられている。

（訳註3）G・C・リヒテンベルク Georg Christoph Lichtenberg（一七四二〜九九）物理学者、作家。実験物理学の領域で〈リヒテンベルク図形〉と呼ばれる絶縁板上の放電図形の発見で有名。自然科学や哲学に関する多くの評論も発表した。ウィトゲンシュタインの前期から中期にかけての独我論的考え方（正確には無主体論）は、リヒテンベル

クからの影響とも考えられている。『ウィトゲンシュタイン小事典』大修館書店、二四九〜二五二頁、G・E・ムーア「ウィトゲンシュタインの講義一九三〇〜三三年」藤本隆志訳、『全集』10、九六頁（G. E. Moore; *Wittgenstein's Lectures in 1930–33*, in *Philosophical Occasions* 1912–1951, Hackett Publishing Company, p. 100）を参照。

（訳註4）リヒテンベルクは彼のゲーテに宛てた手紙のなかで次のように書いている。「もちろん人は自分が白と呼んでいるものがどんな色なのか知っている、だが純白を今までいったいどれだけの人が目に留めただろうか？」G・C・リヒテンベルク『ゲーテ宛ての手紙、一七九三年十月七日』（G. CHR. Lichtenberg; *Gesammelte Werke* I, Holle Verlag/Darmstadt, 1953, S. 885.）を参照。

四 そして、そのように構成された使い方が実際の使い方についてあらためてわれわれに教えてくれる、ということはむろん起こりうる。

五 私が一枚の紙について、それは純白だが、その紙が雪と並べられると、紙の方が灰色に見えてくる、と言うとしても、その紙が普通の環境におかれているときには、やはり私はそれを明るい灰色とは呼ばず、当然白と呼ぶだろう。もちろん実験室内で私が（たとえば精密な時間規定という純化された概念を使うことがあるように）白の純化された概念を使うことはありえよう。

六[訳註5] 緑は青と黄の混合色ではなく原色である、というのに賛成して何が言えるだろうか？『そのことを直接知ることができるのは、もっぱら人がそれらの色を観察することによってだけだ』と言うのは正しいだろうか？　しかし私は、自分が『原色』という言葉で、緑を原色と呼ぶ傾向のある別の人が考えているのと同じことを考えているということを、どのようにして知るのだろうか？　いや――ここで決定権をにぎっているのは言語ゲームなのだ。

（訳註5）「原色について。かりに他の人々のあいだでは、われわれが混合色と呼ぶ色がわれわれの原色の役割を果たしていたとしよう。われわれは**これらの人々にとっての**原色は、例えばこの橙色とこの青みがかった赤色とこの青緑色なのだと言うであろうか。すなわち、「赤は原色である」という命題は、「赤はわれわれの間でこれこれの役割を果

たしている」ということや、「われわれは赤、黄、等々の色に対してかくかくの仕方で反応する」ということと同じことを意味するのであろうか。――大抵の場合、人はそのように考えない。すなわち「赤は混合色ではない」という命題は赤の〈本質〉に関する命題であり、この命題は時間を超越している。人はこの色が単純なものでないということを想像しえないのである」。『心理学の哲学1』佐藤徹郎訳、『全集』補巻1、六二二節（BPP1, 622.）。

七　もともと与えられている黄緑（あるいは青緑）に対して、それより黄色の薄い黄緑（あるいはそれより青の薄い青緑）を調合する――あるいはその色をいくつかの色見本から選びだす、という課題がある。しかし黄緑はその黄色が薄くなっても青緑になるわけではない（また逆に、青緑はその青が薄くなっても黄緑になるわけでもない）のだし、黄色っぽくなく青っぽくもない緑を選びだす、あるいは調合する、という課題だってある。私がここで『あるいは調合する』という言い方をしたのは、緑が黄と青とのある種の調合によってできるからといって、緑が同時に青っぽく（原註1）なりかつ黄色っぽくなるというわけではないからだ。

（原註1）手稿では「緑っぽく」となっていた（編者）。

八　たとえ色を調合することによって（どんな意味の調合であれ）作ったことがないとしても、人は中間色あるいは混合色という概念をもちうるかもしれない。彼らの言語ゲームにおいてはつねに、すでに現存している中間色あるいは混合色を探しだしたり、選びだしたりすることだけが問題となりえよう。

九　さて、たとえ緑が黄色と青の中間色ではないとしても、青っぽい黄色、赤っぽい緑といったものがあるような人々は存在しえないだろうか？　つまり、その色概念がわれわれの色概念と異なるような人々は存在しえないだろうか――というのも、なにしろ色盲の人の色概念も通常の人の色概念とは異なっているが、かならずしも通常の人と異なることがすべて盲目、欠陥となるとは限らないからである。

一〇（訳註6）　あるきまった色合いの色が与えられて、それよりも黄色い色や、白い色あるいはより赤い色を見つけだしたり、それらを調合したりすることなどを学んだ人、したがって中間色という概念を知っている人に対して、赤みがかった緑をわれわれに見せてくれといま言ってみる。彼はそのときこの命令をまったく理解せず、たとえば正四角形、正五角形、正六角形にしたがって、正一角形を示してくれと言われたときのような反応をするかもしれない。しかし彼がためらわずにある色の見本を(たとえばわれわれが焦げ茶色と呼ぶようなものを)指し示したとしたらどうだろうか?

(訳註6)「私がある人に六つの主要な色名と「……がかった」という接尾辞の使い方を教えたとすれば、私は彼に「ここに緑がかった白を塗りなさい!」というような命令をすることができるだろう。——そこで、私は彼に向かってまず「赤みがかった緑色を塗りなさい!」と言い、彼の反応を観察する。ことによると、彼は緑色と赤色とを混合するかもしれないが、その結果には満足しないことだろう。最後には、ひょっとしたら「赤みがかった緑色など存在しない」と言うかもしれない。——それと類比的に、私は彼に「正二角形など存在しない!」あるいは「マイナス二五の平方根など存在しない」と言わせることもできたであろう」。『心理学の哲学2』野家啓一訳、『全集』補巻2、

四二二節（BPP2, 422)。

一一　赤みがかった緑になじんでいる人であれば、赤で始まり緑で終わるような、ひょっとしたらわれわれにとっても、その二つの色のあいだで連続して移行するような色の系列をつくりだすことができるはずだ。その場合われわれがいつも同じ色合いを、たとえば茶色を見ているところで、彼はあるときは茶色を、別のときは赤みがかった緑を見ていることが明らかになるかもしれない。たとえば、われわれには同じ一つの色にしか見えない二つの化合物を彼は色によって区別することができ、一方を茶色と他方を赤みがかった緑と呼ぶ、ということが明らかになるかもしれない。

一二　わずかな例外を除いてすべての人が、赤―緑―色盲であると想像してみよ。また、すべての人が、赤―緑―色盲か、青―黄―色盲かのどちらかであるという別の場合も想像してみよ。

一三　ある色盲の民族を考えてみよう。そうした民族は実際にいても何らおかしくはない。彼らはわれわれと同じ色の概念をもってはいないだろう。というのも、彼らがたとえば日本語(訳註7)を語り、日本語(訳註7)の色彩語をすべてもっていたとしても、彼らはやはりそれらの語をわれわれとはちがったふうに使うだろうし、別様に使い方を学ぶだろうからだ。

また、彼らがわれわれとは異なった言語をもっている場合には、彼らの色彩語をわれわれの色彩語に翻訳するのはわれわれには困難だろう。

(訳註7) 原文では「ドイツ語」になっている。

一四(訳註8) しかし、『赤みがかった緑』や『黄色っぽい青』といった表現を矛盾なく用いることを自然だと思い、その際われわれには欠けている能力ももしかしたら示しているのかもしれない人々が存在したとしても、われわれが見てはいない色を彼らは見ているのだとわれわれが認めざるをえなくなる、ということにはやはりならないだろう。なにしろ、ある色がなんであるのかを決める一般に認められた規準は、それがわれわれが知っている色のうちの一つである場合以外は、存在していないからだ。

（訳註8）「その人々は赤みがかった緑をよく知っている――「だがそのようなものが存在するはずがない！」――なんと奇妙な文であろう。――（あなたは一体どうしてそれを知っているのか）」。『断片』菅豊彦訳、『全集』9、三六二節（Z, 362.）。

一五　比較的真面目なすべての哲学的問題において、不確かさは深くその根底にまで及んでいる。

人は普段から、まったく新しいものを学ぶ心構えができていなければならない。

一六　色盲の現象の記述は心理学に属していなければならない。そうなると正常な視覚にかかわる現象の記述も心理学に属していなければならないのだろうか？　心理学が記述しているのは正常な視覚から色盲が逸脱していることだけである。

一七　ルンゲは（訳註9）（ゲーテが『色彩論』のなかで活字にしている手紙において）透明な色と不透明な色が存在し、白は不透明な色である、と言っている。（訳註10）

このことは色という概念にひそむ曖昧さ、あるいは色の同一性という概念にひそむ曖昧さも示している。

（訳註9）P・O・ルンゲ Philipp Otto Runge（一七七七〜一八一〇）ドイツ・ロマン派の画家。ロマン主義文学や神秘思想の影響を受け、独自の色彩論に取りくみ、ゲーテの色彩についての考え方とほぼ同じ結論に達した。『ゲーテ全集』14、潮出版社、五三五頁参照。

（訳註10）「白も黒も両方とも不透明であり物そのものの色として現れる」。ゲーテ『色彩論』第一部、付論（Goethe; Sämtliche Werke 10, *Zur Farbenlehre*, Münchner Ausgabe, S. 268.）、また本書の第I部二一節も参照。

一八　緑色の透明なガラスは不透明な紙と同じ色をもつことができるだろうか、それともできないだろうか？　そのようなガラスは絵のなかでは〔透明に〕描かれるとしても、パレット上ではその色は透明ではないだろう。人がガラスの色は絵のなかでも透明だと言いたいのであれば、その人はそのガラスを表している色の斑点の集合を、そのガラスの色と呼ばねばならないだろう。

一九　透明なものが緑であることは可能だが、白であることは不可能なのは、どうしてだろうか？

透明であることと鏡のような輝きは視覚像がもつ奥行きの次元にのみ存在する。透明な媒質からうける印象は、何かがその媒質の背後にあるというものだ。視覚像が完全に単色であれば、それは透明ではありえない。

二〇　色のついた透明な媒質の背後の白いものは、その媒質の色がついて現れるのに、黒いものは黒のまま現れる。この規則にしたがえば、「白い透明な」媒質を通して見られた白地に黒は、無色の媒質を通した場合と同じように見えなければならない。

二一　ルンゲは次のように言う。『人が青っぽいオレンジ色、赤みがかった緑、黄色っぽい紫を思い浮かべようとすると、南西から吹いてくる北風を思い浮かべるような感じがするだろう。……白も黒も両方とも不透明であり物そのものの色として現れる。……白いまじりっけのない水を思い浮かべることは誰もできないだろう、ちょうど透き通ったミルクを思い浮かべることができないように(訳註11)』。

(訳註11) ゲーテ『色彩論』第一部、付論(Goethe; Sämtliche Werke 10, *Zur Farbenlehre*, Münchner Ausgabe, SS. 267-8.) を参照。

二三(訳註12) われわれは色の理論を見いだそうとしているわけではない(生理学の理論にも心理学の理論にも興味はない)、われわれが見つけたいのは色の概念についての論理学なのだ。そしてこの論理学こそ、人がしばしば誤って理論に期待していたことをかなえてくれる。

(訳註12)「単純な色、しかも心理学的現象として単純な色が存在すると思われる。私が必要とするのは心理学的な、あるいはむしろ現象学的な色彩論であり、物理学的な色彩論ではなく、また同じく生理学的な色彩論でもないのである。

しかもそれは、現実に知覚可能なことについてだけ話を行い、波、細胞、といった仮説的な諸対象は登場しないような、**純粋に**現象学的な色彩論でなければならない」。『哲学的考察』奥雅博訳、『全集』2、二一八節（PB, 218.）。

二三 『人は白い水を思い浮かべることはできないだろう、等々』。こうした言い方は、白く透き通ったものがどのように見えるかを人は記述する（たとえば描く）ことができない、ということを意味している。つまり、この〔「白く透き通ったもの」という〕語によってどんな記述や描写をすればいいのかをわれわれがわからない、ということを意味しているのだ。

二四 どんな透明なガラスについて、それが不透明な色見本と**同じ色**をもっていると語るべきかは、かならずしもすぐに明らかにはならない。『私は**この**色のガラスをさがしている』と言う場合（そのとき、私は色のついた紙を指し示しているわけだが）、それはたとえば、そのガラスを通して見られた白いものが私の見本と同じように見えるはずだ、ということを意味するだろう。

その見本が薔薇色、空色、藤色の場合には、そのガラスは曇っていると考えるだろうが、しかしひょっとしたら、透き通ってはいるがほんのわずか赤っぽく、青っぽく、あるいは紫色に色がついていると考えるかもしれない。

二五　映画を見ていて、われわれは時々フィルムのなかの出来事が、まるでスクリーンの後ろで起こり、このスクリーンが透明に、たとえば一枚のガラスの板であるかのように見えることがある。そのガラスによって、フィルムのなかで起こっていることはその色を失い、白と灰色と黒だけがガラスを通過しているように見える（われわれはここで物理学をやっているのではない、白と黒を、緑や赤とまったく同様に色とみなしている）。——そこで人は、われわれが白でありかつ透明であると呼べるようなガラスの板をここで思い浮かべている、と考えるかもしれない。しかしわれわれはそのガラスの板をそのように呼ぼうとはしない。そうなると、このガラスの板と、たとえば透明な緑の板との類比は、どこかでくずれているのだろうか？

二六　緑色の板について、たとえばわれわれは、それがその背後にあるものに緑の色合いを与える、したがってその背後にあるとりわけ白いものにその色合いを与える、と語るだろう。

二七 『人はそのことを想像することができない』というのは、論理学が問題なのであれば、人はここで何を想像すべきかわからないという意味である。

二八 人は、私が考えた、映画におけるガラス板について、それがその背後にあるものに白い色合いを与えると言うだろうか？

二九 君が透明な緑や赤などから読みとる、色つきの透明なものの見え方に関する規則から透明な白の見かけをつくりあげてみよ！ なぜそれがうまくいかないのか？

三〇 色のついた媒質はすべて、それを通して見られるものを暗くし、光を吸収する。それでは私が想定した白いガラスも、ものを暗くすることになるのだろうか？ そしてそのガラスが厚みをませばますほど、それだけ暗くなるのだろうか？ そうなるとそれは結局、暗いガラスということになるだろう！

三一　われわれが、透明で白いガラスを、たとえそれが実際には存在しないにしても、想像できないのは**なぜだろうか**？　透明で色のついたガラスとの類比はどこでうまくいかなくなるのだろうか？

三二　さまざまな命題がしばしば論理学と経験的知識との境界で使われ、その結果そうした境界を越えて命題の意味があれこれ変化し、あるときは規範の表現とみなされ、あるときは経験の表現とみなされる。

（というのも、経験命題から論理学の命題を区別するのは、やはり一つの心的随伴現象――人は「思想」をそのようなものだと思っているのだが――ではなく、その命題の使い方だからである。）

三三　人が「金の色」という言い方で黄色を意味することはない。というのも『金色』というのは輝き、鈍く光る表面の性質のことだからである。

三四　赤熱と白熱は存在する、しかし茶色熱や灰色熱は〔もし存在するとすれば〕どのように見えるだろうか？　人がこれらを白熱の度の弱いものと考えることができないのはなぜだろうか？

三五　『光には色がない』。もしそういう言い方ができるならば、それは数には色がないというのと同じ意味で言われている。

三六　輝いている**ように見える**ものは灰色には見えない。灰色のものはすべて光を受けている**ように見える**。

三七　輝いて見えるものをわれわれは灰色として見ることはない。しかし白としてなら見ることがある。

三八　したがって人は何かあるものを、**あるときは**わずかに輝いているものとして、あるときは灰色のものとして見るかもしれない。

三九　私は（ゲシュタルト心理学者のように）白の印象がこれこれの状態で生じると言っているのではない。むしろ問題は、この〔「白の印象」という〕表現の意味、つまりその概念のもつ論理が何であるか、ということにつきる。

四〇　というのも、人が「灰色熱に輝く」ものを思い浮かべることができないというのは、色の物理学や色についての心理学があつかうべきものではないからだ。

四一　ある人が私に、ある種の物質が灰色の炎をあげて燃えていると告げる。むろん私は、あらゆる物質の炎の色を知っているわけではない。それではなぜ灰色の炎があってはならないのだろうか？

四二　人は「暗赤色の光」という言い方はするが、「赤黒い光」とは言わない。

四三　なめらかな白い面はものを映しだせる。たとえばいま人が勘違いをして、そのなめらかな白い面に映って見えるものが、実はその面の背後にあるものであり、その面を透かして見えていたのだとしたらどうだろうか？　このときその面は、白であり同時に透明でもあるということになるのだろうか？

四四　「黒い」鏡という言い方がある。しかし、その鏡にものが映っているところでは、なるほど暗くなるが、だからといってその鏡が黒く見えるわけではない。その鏡に映っているものは「くすんで」は見えず、「濃く〔深味をおびて〕」見えるのである。

四五　不透明は白色のもつ性質ではない。それは透明が緑色のもつ性質ではないのと同様である。

四六　『白い』という語が用いられるのはただ表面の現象についてだけだ、と言っても充分ではない。われわれは『緑』を表す二つの語、つまり緑の表面だけを表す語と、緑で透明の対象を表す語の二つをもっていると想定できる。すると『白い』という語に対応する、何か透明なものを表す色彩語はなぜ存在しないのか、という問いが残ってしまう。

四七　黒と白の市松模様（チェス盤）が、それを通して見ても変化しないある媒質を、たとえそれ以外の色はその媒質を通すと色彩を失う場合であっても、白い媒質とは呼ばないだろう。

四八　人が白い輝きを『白い』と呼びたくなることはありえないだろう、つまり人は表面の色として見ているものしか『白い』と呼ばないのである。

四九　私は、近くにある二つの場所を同じ色として**見る**こともあるが、一方を白として他方は灰色として見えることもある。
ある状況ではこの色は私にとって照明が暗いときの白であり、別の状況では照明が明るいときの灰色である。

これらは「白」と「灰色」という概念についての命題だ。

五〇　私の目の前にあるバケツに白く輝くようにラッカーが塗られている。そのバケツを『灰色』と呼んだり、『私は実際に明るい灰色を見ている』と語ったりするのはばかげているだろう。ところがそのバケツの一部分に白い光沢があり、そこはそのバケツの他の面よりもはるかに明るく、他の面の一部はその光沢に近く、一部は光沢から離れている。だからといってそれぞれ別の色がついているように見えるわけではない。（たんにそうであることがないだけでなく、そのように見えることすらない。）

五一　白や灰色の印象はしかじかの条件下で（因果的に）成立すると言うことと、そうした印象は色や形の特定の文脈における印象であると言うことは同じではない。

五二　物質の色としての（つまりわれわれが雪は白いと言う意味での）白は別のどんな物質の色よりも明るく、黒はどんなものよりも暗い。この観点からすれば色とは暗くするものであり、物質から暗くするものがすべて取り去られると白が残る。それゆえ人は白を『無色』と呼ぶことがあるのだ。

五三　たしかに現象学は存在しない、しかし現象学があつかっている問題は存在する。

五四　すべての色概念がかならずしも論理的に同じ種類のものではない、ということには容易に気づく。たとえば、「金の色」や「銀の色」といった概念と「黄色」や「灰色」といった概念を区別するのはたやすい。

五五　ある環境のなかで色は「輝く」のである（ちょうど顔のなかでのみ目は微笑むように）。ある「黒っぽい」色――たとえば灰色――が「輝く」ことはない。

五六　われわれが色の本質について熟考する際に感じる困難（ゲーテが『色彩論』のなかで取りくもうとしたもの）は、色の同一性というわれわれの概念がもつ曖昧さのうちにすでにふくまれている。

五七　　［『私はXを感じている』

『私はXを観察している』

Xは、第一の命題と第二の命題とでは、ひょっとして、そこにたとえば『痛み』という同じ表現が入ったとしても、同じ概念を表すわけではない。というのも人が『どんな種類の痛みか?』と問うならば、第一の場合であれば私は『この痛みだ』と答え、その問いかけた人をたとえば針で刺すかもしれない。しかし第二の場合には、同じ問いに対して、たとえば『私の足の痛みだ』と別の答え方をしなければならないからだ。Xは第二の命題においては『私の痛み』を表すこともできるが、しかし第一の命題においてはそれはできないだろう。」

五八 誰かがレンブラントの自画像の目の虹彩の一部分を指さして、『私の部屋の壁をこの色で塗るつもりだ』と言っている場合を考えてみよ。

五九 私が自分の部屋の窓から見える眺めを描いていて、ある家の構造全体の配置にくみこまれている、ある特定の場所を黄土色で描き、そしてこの場所をこの色で見ていると語る。このことは、私がそのとき黄土色という色を見ているということを意味しているのではない。なぜなら、この黄土色という色素はその家のまわりの色に囲まれることによって、実際の黄土色よりも明るく、暗く、赤みがかって(等々)見えるかもしれないからである。『私はこの場所を、私がここで黄土色で描いたように、つまり濃く赤みがかった黄色として見ているのだ』。

しかし人が、私がそこで見ている正確な色合いを告げるように私に要求したらどうだろうか?――そうした正確な色合いはどのように告げられるべきであり、どのように決められるべきなのだろうか? 人は私に一枚の色見本(その色をした長方形の一枚の紙)を作るように要求するかもしれない。私はそのような照合にはなんの関心もないと言っているのではない。色合いがどのように照合されるべきか、『色が同じであること』が何を意味しているのかといったことが、かならずしもはじめから明らかにはなっていないことをわれわれに気づかせてくれるのは、そうした照合なのだ。

六〇 われわれが一枚の絵画をおおよそ単色の小さい部分に切り離して、次にこれらをジグソーパズルのピースとして使う、と考えてみよ。そうしたピースが単色ではない場合であっても、それは立体的な外観を伴わず、たんに平坦な色つきの部分として現れるはずだ。そうしたピースは他のピースとつながってはじめて青空の一部になったり、影や輝きを表したり、透明になったり不透明になったりする。個々のピースはわれわれに絵の部分の本当の色を示しているのだろうか?

六一　人は、われわれが色の概念を分析し、最終的にはわれわれの視野を構成している部分部分の色へといたると、それらは三次元のものと解釈されたり、物体と解釈されたりすることはまったくなくなる、などと考えたがる。なぜならこの段階では明るさも影も輝き等々もなくなるからだ。

六二　私が、私の視野のこの部分が灰色がかった緑であると言えるとしても、それは、何をこの色合いの正確なコピーと呼ぶべきかを、私が知っているということを意味しているわけではない。

六三　私は次のような一枚の(白黒)写真を見ている。褐色の髪の男とブロンドの髪を綺麗にオールバックにした少年が旋盤のようなものの前に立っている、その旋盤の一部は黒塗りの鋳物であり、他の部分にはなめらかな回転軸や歯車等がついている、その横に明るい亜鉛メッキの針金でできた格子がある。これらがすべて、その印画紙のもっている、実際より明るい、あるいはより暗い色合いのなかの場面であるにもかかわらず、私は加工された鉄の表面は鉄の色として、若者の髪はブロンドとして、格子は亜鉛の色として見るのである。

六四　しかし私はその写真のなかの髪の色を本当にブロンドとして見ているのだろうか？　何かそのことの根拠があるのだろうか？　その写真を見ている人がどんな反応を示せば、その人はその髪を〔まさに〕ブロンドとして見ているのであって、その髪がブロンドだと写真そのものの色合いから推測しているだけではないとわかることになるのだろうか？　もし私がその写真を記述してくれと頼まれたら、私は何も考えずすぐに前と同じ言葉で記述するだろう。（訳註13）そして人がこの種の記述を認めないとしたら、そのときはじめてそれとは別の記述の仕方を探さなければならなくなるだろう。

（訳註13）前節六三参照。

六五　『ブロンド』という言葉でさえ、ブロンドという色を表しているように聞こえるのだから、写真に写った髪の毛がブロンドに見えることなど、それに比べたらなんとたやすいことだろう！

六六　『ある人たちがわれわれとは異なる色の幾何学をもっていることを想定できないだろうか？』。このことはしかし、われわれとは異なる色の概念をもつ人たちを想定できないだろうか？　ということを意味している。そしてこのことはまた、その人たちは、われわれの色の概念はもってい**ない**が、しかしわれわれもそれを『色の概念』と呼ぶかもしれないような、われわれのものと似かよった概念はもっているということを想像できないだろうか？　ということも意味しているのだ。

六七　色をほとんど識別できない晩《おそ》い時間に君の部屋のなかを眺めてみよ——それから明りを灯し、いま薄明りのもとで見ていたものを描いてみよ——人はそのようにして描かれた絵の色を、薄明りの部屋で見ていた色とどのようにして比較するのだろうか？

六八　『「赤い」「青い」「黒い」「白い」という言葉が何を意味しているのか』という問いに対して、われわれはもちろんすぐに、その色をしたものを指し示すことができる。——しかしわれわれはこれらの語の意味をそれ以上説明することはできない！　なぜならそのように指し示す以外には、それらの語の使用についてわれわれは何も思い浮かばないし、浮かんだとしてもきわめて曖昧で部分的に間違った想像しかできないからだ。

六九　『2×2＝4』をいまや文字通り**考える**ことができるようになった、と語っている一人の論理学者を私は想像することができる。

七〇　スペクトル色の発生についてのゲーテの学説（訳註14）は、不充分であることが証明された一つの理論なのではなく、そもそもまったく理論ではない。というのも彼の学説によっては、何も予言することができないからである。むしろそれは、ジェームズの心理学のうちに認められる類の曖昧な思考図式なのだ。この学説にくみするかくみしないかを決められるような決定実験（訳註15）は、実際には存在しない。

（訳註14）「ゲーテが本当に手にいれたいと思っていたのは、物理学的な色彩理論ではなくて、生理学的な色彩理論だったのではないだろうか」。『反哲学的断章』丘沢静也訳、青土社、一九八八年、五五頁（VB, S. 475）。

（訳註15）ニュートンの用語。理論や仮説の真偽を決定する実験のこと。マイケルソン＝モーリーの実験、ラボアジェの燃焼実験などが有名。この言葉はゲーテの『色彩論』にも使われている。ゲーテ『色彩論――色彩学の歴史』菊池栄一訳、岩波文庫、二六七頁（Goethe: Sämtliche Werke 10, *Zur Farbenlehre*, Münchner Ausgabe, S. 762.）を参照。

七一 ゲーテと意見が一致する人は、ゲーテが色の**本性**を正しく認識していたと思っている。ここで言う本性とは、実験から判明するものではなく、色の概念のうちにふくまれているものなのである。

七二　ゲーテにとってくつがえすことのできないほど明らかなことがひとつあった。それは、影になればなるほどそこからはいかなる光も生じてこないように、どんな明るさも暗さからつくりだすことはできない、ということだ。そしてこのことは、人が藤色を白く赤みがかった青色と呼び、茶色を黒く赤みがかった黄色と呼ぶとしても、だからといって白を黄色く赤く緑がかった青、あるいはそれに似た言い方で呼ぶことはできないと表現することもできよう。白は別の色の**中間色**ではないからだ。〔しかし〕**このこと**はスペクトルによる実験では証明することも反証することもできない。だが、『色をもっぱらその本性に留意して見よ、そうすれば君はそれがそのようであることを見てとるだろう』と語ることも間違いであろう。なぜなら見ることは、色の概念についてわれわれに何も教えてはくれないからだ。

七三　私は、色と色の組み合わせがもっている特徴についてゲーテが考察したことが、画家にとって役にたつことがあるとは考えられない。また装飾家にとってもほとんど役にはたたないだろう。充血した目の色を壁掛けの色にするとすばらしい効果を生むかもしれないからだ。色の特徴について語る人は、その際いつもその色の一つの決まった使い方しか考えていない。

七四　色の調和に関する理論が存在するならば、それはたとえば色をグループ分けすることに始まり、そしてある種の配合や組み合わせを禁じ、別の配合や組み合わせは許容するといったものになるだろう。だがそれは、和声学がそうであるように、その規則を根拠づけることにはならないだろう。

七五　「明日」という概念や「私」という概念、あるいは時刻の読みとり方を教えこむことのできない精神薄弱者がいるかもしれない。彼らは「明日」などの語の使い方を習得することはないだろう。

何をこの人たちが習得できないかを、私はいったい誰に記述できるのだろうか？　すでに習得した人に対してだけではないのか？　私はAに、Bが高等数学を習得できないことを、たとえAがそれをマスターしていないとしても、伝えることができるのではないか？　チェスを学んだ人は、それを学んだことのない人とはちがったふうに、

『チェス』という語を理解するのではないだろうか？ チェスを学んだ人に可能なその語の使い方と、そうではない人が学んだその語の使い方とのあいだには、さまざまな違いがある。

七六 あるゲームを記述することはつねに、人がそれによってゲームを学ぶことができる記述を与えることなのだろうか？

七七 正常な視力の持ち主と色盲の人は色盲について同じ概念をもっているのか？ 色盲の人はわれわれの色彩語だけではなく、『色盲』という語についても、正常な人のようには使い方を学べない。たとえば彼は色盲であることを正常な人と同じ仕方では確かめられない。

七八 オレンジ色は赤っぽい黄色だ、といったわれわれの表現方法は理解せず、黄色からオレンジ色をへて赤にいたる色の推移を目の当たりにした場合にのみ、そうしたことを言う傾向のある人々がいるかもしれない。そしてそのような人々にとっては

『赤っぽい緑』といった言い方も何の問題もないにちがいない。

七九　心理学は見ることにかかわる諸現象を記述する。〔しかし〕心理学はその記述を誰に対しておこなうのか？　この記述が取りのぞくことができるのは、**どのような**無知なのか？

八〇　心理学が記述するのは観察されたものなのだ。

八一　盲人に対して、人が〔何かを〕**見ている**とき、それがどのような状態なのかを記述することができるだろうか？　――もちろんできる。盲人は盲人と目の見える人との違いについて多くのことを学ぶからだ。しかしこれでは問題の立て方がまずい。あたかも見ることが一つの事実であり、それについての記述が存在するかのように受けとられてしまう。

八二　私は色盲であることをたしかに観察することができる、それではなぜ見ることは観察できないのか？　色盲の人が――あるいは正常な視覚の持ち主も――特定の状況で、色についてどんな判断をくだすかを私は観察することができる。

八三　人はときどき（それが誤解だったとしても）『自分が何を見ているのか知ることができるのは私だけだ』と言う。しかし『自分が色盲であるかどうか知ることができるのは私だけだ』とは言わない。（また『自分が見えているのかそれとも盲目であるのか、知ることができるのは私だけだ』とも言わない。）

八四　『私は赤い円を見ている』という言明と『私は（盲目ではなく）見えている』という言明は、論理的に同じ種類のものではない。人は最初の言明が真であることをどのようにして調べるのだろうか、また第二の言明が真であることはどうだろうか？

八五　しかし、私が自分では見ていると思っていても盲目であることがありうるだろうか、あるいは盲目であると思っていても見えているということはありうるだろうか？

八六　心理学の教科書に、『見ている人々が存在する』という文が載ることがありうるだろうか？　載るとすれば、それは誤りになるのだろうか？　しかし、この文で何かが伝えられるとすれば、それは誰に対してだろうか？

八七『盲目の人々が存在する』と言っても無意味ではないのに、『見ている人々が存在する』と言うと無意味な場合もあるのはどうしてだろうか？

ところで仮に、私が盲目の人間がいるということをついぞ耳にしたことがなく、ある日、人がそういう私に『見えない人々が存在する』と教えてくれたならば、私はこの文をすぐに文面通りに理解することになるのだろうか？　私は、自分自身が盲目でなくとも、私には見る能力がそなわっており、したがって逆にそうした能力が欠けている人々も存在しうるということを意識していなければならないのだろうか？

八八　心理学者が『見ている人々が存在する』とわれわれに教えるならば、われわれは彼に『君はどんな人を「見ている人々」と呼んでいるのか？』と問うことができる。

それに対する答えは、しかじかの状況でかくかくの振舞いをする人間、となるにちがいない。

第Ⅱ部

一　色そのものの意味ではなく、（たとえば）茶色い表面の印象を生みだす色合いの合成という意味で、表面の色の印象について語ることができよう。

二　白を混ぜることによって色から色的なものが奪いとられる、それに対して黄色を混ぜてもそうはならない。——このことが、くっきりとした透明の白が存在しえないという命題を根拠づけるのか？

三　しかし、白を混ぜることによって色から色的なものが奪いとられる、という命題はどんな種類の命題なのだろうか？

私の考えでは、それは物理学の命題ではありえない。

ここで、科学と論理学の中間にある現象学の存在を信じたいという気持ちがきわめて強いものとなる。

四 濁ることの本質とは、そもそも何なのか？ というのも赤や黄色で透明なものは濁っていないが、白い透明なものは濁っているからである。

五 形をわからなくするものが濁っているのだろうか、そしてそれが形をわからなくするのは、それが光と影をぼかしてしまうからか？

六 暗さをとりはらうものは白ではないのか？

七 「黒いガラス」という言い方はたしかにあるが、しかし、赤いガラス越しに白い面を見ればその面は赤く見えるのに、「黒い」ガラス越しに白い面を見てもそれは黒くは見えない。

八　ものをはっきり見るために色つきの眼鏡レンズを用いる人はよくいるが、濁ったレンズを用いる人はいない。

九　『白を混ぜると明るさと暗さ、光と影の区別がわからなくなる』。このことは概念をより詳細に規定しているのか？　私にはそのように思われる。

一〇　このように思わない人がいたとしても、その人は、これと正反対の経験をしているわけではないだろう。むしろ、われわれが彼を理解しないということだろう。

一一　哲学においては『この問題が解決可能なものとなるためには、人はそれをどのように見なければならないのか？』とつねに問わなければならない。

一二　というのもここで（たとえば私が色について考察したとき）われわれに欠けているのは、何より諸概念をどういうかたちであれ整理する能力だけだからだ。
われわれは色が塗りかえられた牛舎の扉を前にした牡牛のように、ここで途方に暮れている。

一三　画家が赤っぽい色のついたガラス越しの眺めをどのように描くか考えてみよ。そこに現れてくるのは言うまでもなく、複雑な平面の絵である。すなわち、この絵には赤とそのほかの色が同時に、濃淡入りまじって多くふくまれている。そしてそれは、青いガラス越しに見る場合も同様だ。

しかし人が、初めは青みをおびていたり赤みをおびていたものを、白っぽくなるように絵を描いたら、どうなるだろうか?

一四　色は、赤っぽい光によってはその濃さを失わないが、しかし白っぽい光によってはその濃さを失うという大きな違いがここにはあるのか?

その通り、〔しかし〕人は「白っぽい光」という言い方は決してしない!

一五　ある種の照明のもとですべてが白っぽく見えるからといって、われわれがその照明の光源も白く見えるにちがいないと推測することはないだろう。

一六　（たとえばゲーテがやろうとした）現象学的分析は一つの概念分析なのであり、それが物理学と一致したり矛盾したりすることはありえない。

一七　しかしあるところで、白熱した物体の光がものを明るく、しかし同時に白っぽく、つまり薄い色に見えるようにし、赤熱した物体の光は赤っぽく見えるようにしている等々といった事態になっていたら、どうだろうか？（見ることのできない、つまり目で知覚できない光源だけが、それらのものを色づき輝かせているのだ。）

一八　さて、われわれが知覚できる範囲でいかなる光もものに差しこまなくなった場合、たとえば空が真っ黒になった場合にのみ、ものがそれ本来の色で輝くというのであれば、どうだろうか？　人はそのとき、黒い光のもとでのみわれわれに完全な色が現れるのだ、と言えるのではないだろうか？

一九　だがここにはある矛盾がありはしないだろうか？

二〇　物体の色が光を私の目のなかへ向けて反射するのを、私が見ることはない。

第Ⅲ部

一　？　絵のなかでは、白がもっとも明るい色にちがいない。

1950. 3. 24

二　たとえば三色旗のなかで、白が青や赤より暗いことはありえない。

三　ここには一種の色の数学がある。

1950. 3. 26

四　しかし純粋な黄色も、純粋で濃い赤や青よりも明るい。これは経験命題なのだろうか？　――私はたとえば、赤（それも純粋な赤）が青より明るいのか、暗いのかわからない。だからそれらの色を見なければそのことについては何も言えないだろう。しかし、私がそれを見てそのことがわかったとしても、一回計算して結果がでたのと同じで、その時限りのことにすぎない。

この場合、論理学と経験（経験による知識）の分岐点はどこにあるのか？

五　意味がはっきりしていないのは、『純粋な』という語や『濃い』という語だ。これらの語の意味を、われわれはどのようにして学ぶのだろうか？　人々がそれらの語で同じことを意味しているというのは、どのようにして明らかになるのか？　私はある色（たとえば赤）を、それが黒も白もふくまず黒っぽくも白っぽくもない場合に、『濃い』色と呼ぶ。
しかしこのように説明してみても、その場限りの了解しか得られない。

六　濃い色という概念は、どんな重要性をもっているのか？

七　ここで一つの事実が重要であることがはっきりしてくる。つまり人々が色環のなかの一つの点に特別な地位を与えているということ、そしてこの点は苦労して覚えておかなければならないといったものではなく、あらゆる人がいつでも容易にその同じ点にたどりつくという事実だ。

八　「色の自然誌」というものが存在するだろうか、それは植物の自然誌とどの程度似ているのだろうか？　後者は時間的で、前者は無時間的ではないのか？

九　われわれが、『濃い黄色は濃い青よりも明るい』という命題は、心理学の命題ではないと言う場合（というのもこの命題が自然誌となりうるのはもっぱら**そのようにして**〔心理学の命題として〕だからである）、――このことは、われわれがその命題を自然誌の命題として**用いて**いないということを意味している。そうなると次に問題となるのは、それとは別の無時間的な**使い方**とはどのようなものなのか、ということになる。(訳註16)

（訳註16）第Ⅲ部八一節参照。

一〇　というのも、そのようにしてのみ「色の数学の」命題が自然誌の命題から区別されうるからだ。

一一　また、ここで二つの使い方が（明確に）区別されうるだろうか？　ということも問題になる。

一二　AとBという二つの色合いを君はまず記憶に刻みこみ、次にAの方がBよりも明るいことを確認する。そしてそのあとで、ある色合いを『A』、別の色合いを『B』と呼ぶ。しかし『B』と呼んだほうが『A』と呼んだほうよりも明るいならば、君はこれらの色合いを間違って名ざしていたことになる。（これは論理学である。）

一三　「濃い」色という概念は、濃いXが濃いYより、あるときは明るく、あるときは暗くなったりすることはないといった種類のものであり、つまりそれが、あるときはより明るく、別のときはより暗くなるなどと言うことが何の意味ももたない、といった類のものなのだ。これは一つの概念規定であり、これもまた論理学に属している。〔しかし〕そのように規定された概念が有用かどうかはここでは決定されない。

一四　この概念はきわめて限られた一つの使い方しかもちえないだろう。しかもそれは、われわれが普段濃いXと呼んでいるものが、特定の環境内部での色の印象だからだ。このことは「透明な」Xと比較できる。

一五　「濃い色」という概念を使う単純な言語ゲームの例を挙げてみよ！

一六　私は、ある種の化合物、たとえばある特定の酸性度の塩が濃い色をもっており、そのように識別されうると仮定してみる。

一七　あるいは、ある種の花の原産地をその色の濃さを見て言いあてられる、それゆえ、たとえば『これはアルプスの花にちがいない、だってこんなに色が鮮やかなのだから』という言い方ができる、ということも仮定できよう。

一八　しかしそうした場合、より明るい、またはより暗い濃い赤などもありうるだろう。

一九　そして私は、さまざまな命題がしばしば論理学と経験的知識の境界で使われ、その結果そうした境界を越えて命題の意味があれこれ変化し、あるときは規範の表現とみなされ、あるときは経験の表現とみなされる、ということを認めてはならないのか?

というのも経験命題から論理学の命題を区別するのは、やはり「思想」（一つの心的随伴現象）ではなく、その命題の使い方（つまりその命題をとりまいているもの）だからである。

二〇　誤った像は人を惑わすが、正しい像は役にたつ。(訳註17)

（訳註17）Suhrkamp 版では、この文全体に（　）がついているが、本書（Blackwell 版）

のドイツ語の方にはついていない。

二一（原註2）　たとえば、『濃い緑』という語の意味を、濃い赤や濃い黄色や濃い青とは何かを教えることによって教えこむことができるだろうか？　といったことが問題となってくるだろう。

（原註2）手稿では「空にする」となっていた（編者）。

二二　「**輝き**」や「輝く光〔光彩〕」が黒くなることはありえない。私がある絵のなかの光彩の明るさを黒にかえたとしても、そのときその黒は黒い光彩にはならないだろう。しかもそれはたんに、光彩そのものがもっているもともとの性質によって、他でもないそのような事態しか生じないという理由からだけではなく、われわれがこの箇所の**光**に決まった仕方で反応するからでもある。ある旗は黄色と黒であるかもしれないし、別の旗は黄色と白であるかもしれない。

二三　絵のなかに透明が描かれているとすれば、それは不透明とは別の効果を発揮する。

二四　透明な白はなぜありえないのか？　――透明で赤い物体を描いてみよ、そして次にその赤を白にかえてみよ！

黒と白は、ある色が透明であることにすでにかかわっている。君が赤を白ととりかえると、透明な印象をもはや受けなくなる。それはちょうど君がという図形をという図形に書きかえると、立体的な印象をもはや受けないのと同じだ。

1950. 3. 27

二五　濃い色はなぜ端的に、この色、この色、この色、この色と言えないのか？　――それは人が濃い色を〔通常の色とは〕別の仕方で再認したり同定したりするからである。

二六（訳註18） 原色は三種類に識別できると思っていた人もいれば、四種類だと思っていた人もいるという事実を聞くと、われわれは信じられないと思うかもしれない。緑色は青と黄色の中間色であるという見解をもっていた人もいるが、たとえば私にとってこのことは、すべての経験を度外視しても、誤りであるように思われる。

青と黄はちょうど赤と緑のように、対立していると私には思われる——しかしこのことはたんに、その二つの色が色環における正反対の位置にあるのを、私がいつも見ているからかもしれない。

たしかに、純粋な色の数について（いわば心理学的に）問うことは、私にとってどんな**重要性**があるのだろうか？

（訳註18）「私が正しいとすれば、「原色」という概念は存在しない。「Aは原色である」という命題はただ、「Aは赤いか、黄色いか、青いか、緑かである」というにすぎない。（中略）「この面の上に二つの原色がある」とは「この面の上には赤と黄か、赤と青か、赤と緑か、……かがある」**ということである**。

さて「四つの原色が存在する」とは言えないとしても、原色と数4はやはり何らかの仕方で互いに結合されている。そしてこのこともまた何らかの仕方で、例えば「この面の上に私は四つの色、黄、青、赤、緑、を見る」と言われる場合のように、表現される必要があるのである」。『哲学的考察』奥雅博訳、『全集』2、一一六節(PB, 116.)。

二七 私は一つの論理的に重要な事柄に直面しているような気がする。それは、人が緑色を青と黄色の中間色と呼ぶならば、その人はたとえば、ほのかに青みがかっただけの黄色やほんの少し黄色っぽい青が何を意味するのかも、言えなければならないということだ。これらの表現は、私に対してはまったく何も語ってはいない。しかしその同じ表現がほかの人には何かを語っている、ということはありえないだろうか?つまり、ある壁の色を『それは多少赤みがかった黄色だった』と私に記述する人がいたとして、その人の言うことを理解し、私がいくつかの色見本のなかからその色とほぼ同じものを選びだせるようになるということは考えられよう。ところがその色を「多少青みがかった黄色」という言い方で記述する人の場合には、そのような見本を示すことはできないだろう。――人はこのようなときに、ある場合にはその色を思い浮かべることができるが、別の場合にはできないと言いがちである――しかしこの表現は誤解を招きやすい。というのもここでは、ある像が心の目に浮かんでいるなどと考える必要は一切ないからである。

二八　絶対音感が存在し、またそれをもっていない人も存在するように、やはり色を見ることに関しても多くのさまざまな才能が存在すると考えることができるだろう。たとえば「濃い色」という概念を「暖かい色」という概念と比較してみよ。どんな人でも「暖かい」色や「寒い」色をかならず知っているのだろうか？　もし彼らが、色のしかるべき分類にしたがって「暖かい色」あるいは「寒い色」と呼ぶのだと、他の人にはっきり教えてもらえばむろん別である。たとえばある画家が「四つの純粋な色」という概念をまったくもたず、それどころかそうした概念について語るのはばかげていると思うことも、ありうるのではないだろうか？

二九　あるいは、この「四つの純粋な色」という概念が、少しも自然に感じられない人々に欠けているのは何か？　と問うこともできる。

三〇　『赤みがかった』という語が何を意味しているのか、君は知っているのか？　そして君はそれを知っていることをどのようにして示すのか？　と問うてみよ。

次のような言語ゲームがある。『赤みがかった黄色（白、青、茶色）を示せ！』――『もっと赤みがかったものを示せ！』――『もっと赤くないものを示せ！』等々。さて君がこれらのゲームをマスターしているならば、『少し赤みがかった緑を示せ！』とも要求されるだろう。今度は次の二つの事例を想定してみよ。一つは、君がその要求にしたがってある色を（しかもいつも同じ色を）、たとえばオリーブ色を指し示す事例であり――もう一つは君が『私はその色が何を意味しているのかわからない』、あるいは『そんな色は存在しない』と言う事例である。

ややもすると人は、ある人が別の人とは異なる色の概念をもっているとか、「……みがかった」という別種の概念をもっている、と言いたくなるかもしれない。

三一　『色盲』がわれわれの話題になり、それが一つの欠陥だと言われる。しかしいくつもの異なった能力が存在し、そのなかのどの能力も、他のものよりはっきりと劣っているとは言えないことだって充分ありえよう。——思いもよらぬことがきっかけでわかるまで、ある人が色盲であることを誰にも気づかれずに一生をすごすこともある、ということも考えてみよ。

三二　そうなると、異なった人間がそれぞれ異なった色の概念をもつことだって可能なのか？——それらの概念は**いくらか**異なっているだけなのであり、あれこれの特徴において異なっているのだ。だから、このことが彼らの意思疎通の妨げになることは、多少あったにしてもたいていの場合ないに等しいだろう。

三三　ここで私は哲学的な問題の本質について一般的な考えを述べておきたい。哲学における曖昧さはたえがたい。恥ずかしいとさえ感じられる。そのとき人は、はっきりとわから**なければならない**ところでよくわかっていないと感じる。しかしこのように感じるとき、実は事態はそうなって**いる**のではない。われわれは、わかるわからないなどとことさらわけず、つまり哲学の問題などはっきりわからなくとも、充分うまく暮らしていけるのだ。

三四　色を調合することと「中間色」はどのような関係があるのか？　色が調合によって作られることが決してなく、いま現にある色合いだけが選ばれるような言語ゲームにおいて、人が中間色という言い方ができるのは明らかである。しかし、ある色合いを生みだす色の調合がわかることも、中間色という概念の一つの使い方ではある。

三五　リヒテンベルクは、純白を見たことのある人はごくわずかしかいない、と言っている。そうなると、「純白」という語を、たいていの人は誤って使っていることになるのか？　当のリヒテンベルクは、その語の正しい使い方をどのようにして学んだのか？　――というよりむしろ、彼はその語の実際の使い方から理想的な使い方を構成したのだ。それは人が一つの幾何学を構成するのとちょうど同じである。だがここで使われている『理想的』という言葉の意味は、とくにすぐれたものということではなく、なにか極限にまで押しすすめられたものにすぎない。

三六　そして、そのように構成された使い方が実際の使い方についてあらためてわれわれに教えてくれる、ということはむろん起こりうる。

また、たとえばわれわれが科学の目的のために「純白」の新たな概念を導入することだって考えられよう。

（その場合の「純白」の新たな概念は、たとえば化学における「塩」という概念に対応するだろう。）

三七　白と黒は、黄色や赤や青とどの程度比べることができ、どの程度比べられないのか？

われわれが、赤と青と緑と黄色とそして黒と白の正方形からなるチェックの壁紙をもっていても、それが二種類の要素から、たとえば「有色」と「無色」という二種類の要素からできあがっている、と言おうとはしないだろう。

三八　今度は人が、色のついた絵と白黒の絵を対比するのではなく、色のついた絵と白と青だけで描かれた絵を対比したと考えてみよう。つまり、青も実際の色ではないものとして感じられる（つまり用いられる）ことも可能ではないのか？　ということである。

三九　私の感覚では青は黄色を消してしまう——しかし私が、少し緑がかった黄色を『青みがかった黄色』と呼んだり、緑色を青と黄色の中間色と呼んだり、かなり青みがかった緑色を少し黄色がかった青と呼んだりするべきではないのはなぜか？

四〇　緑がかった黄色のうちに、私にはまだ青いものは何も感じられない。——私にとって緑は青から黄色にいたる色の道の一つの特別な段階であり、赤もまたそうである。

四一　青と黄色の間が直接つながっているような色の道を知っている人がいたら、その人はどの点で私よりも優れているのか？　また私がそのような道を知らないというのはどのようにして明らかになるのか？　——すべては、『……みがかった』という言い方をする、私も参加している言語ゲーム次第なのか？

四二　したがって人は次のように自問しなければならないだろう。われわれの正常な視覚でもとらえられない色を見分けられる人がいるとしたら、それはどういう状態に見えるのだろうか？　この問いに一般的な仕方で明確に答えることはできないだろう。というのも、われわれがそうした異常な視覚をもつ人について、彼らは別の色を識別しているのだと言わざるをえないということが、ただちに明らかにはならないからだ。なにしろ、ある色がなんであるのかを決める一般に認められた規準は、それがわれわれが知っている色のうちの一つである場合以外は、存在していないからである。

それでも、われわれが『この人たちはわれわれの色以外に別の色も見ている』と言うことになる状況は想定できる。

1950. 3. 28

四三　哲学をする場合には、人はどんな場合でも、ある対象について何を語るべきかだけではなく、その対象についていかに語らなければならないかについても学ばねばならない。人は、まず対象に取りくむべき方法を何度も繰りかえし学びなおさなければばならない。

四四　あるいは次のように言うこともできる。すべての比較的真面目な問題においては、不確かさがその根底にまで達している。

四五　人は普段から、まったく新しいものを学ぶ心構えができていなければならない。

四六　色には類似と対立がある。(これは論理学である。)

四七　『茶色は黄色と似ている』という言い方は、何を意味しているのか?

四八　それは、やや茶色っぽい黄色(あるいはわずかにより黄色っぽい茶色)を選びだすという課題がすぐに理解されることを意味しているのだろうか?

四九　二つの色を色によって媒介すること。

五〇　『黄色は青よりも赤に似ている』。

五一　黒―赤―金色と、黒―赤―黄色との違い。――ここでは金色も色とみなされている。

五二　われわれが六つの色の名前を使ってものの色について理解しあえる、というのは事実である。その際われわれが『赤みがかった緑』『黄色っぽい青』等々の語を使わないことも事実だ。

五三　ジグソーパズルを、そのピースを記述することによって記述する。私が思うに、これらのピースを見てもわれわれには立体的な形は決して予想できず、単色あるいは多色からなる平面的な断片として見えるのである。そしてそれらが組みたてられてはじめて、『影』や『光沢』や『凹凸のある単色の面』等々、といったものとして姿を現す。

五四　私は、この人は赤と緑を区別していないと言うことがある。しかし私は、われわれ正常な視覚をもつ人間は赤と緑を区別している、と言うことがあるだろうか？　だがわれわれは『**ここで**、われわれは二つの色を見ているが、彼らは**一つの**色しか見ていない』と言うことはあるかもしれない。

五五　色盲の**現象**を記述するのは**心理学**の仕事である。そうなると正常な色覚の現象を記述するのも心理学の仕事なのだろうか？　もちろんそうだ――しかしそうした記述は何を前提としているのか、そしてそれは誰にとっての記述なのか、あるいはもっとうまい言い方をするならば、そうした記述はどんな手段を用いているのだろうか？　私が『その記述は何を前提としているのか？』と言う場合、それは『ある人がその記述を**理解する**ためには、**その記述**にいったいどのように反応しなければならないのか？』ということを意味している。色盲の現象を本のなかで記述する人は、色を正常に見ている人の概念によってこの現象を記述している。

五六　この紙はさまざまな部分で異なった明るさをもっている。しかし私は、その紙が白いのはある部分だけで、それ以外の部分は灰色だと言うことはできるだろうか??――そう、もし私がそれを描くなら、暗い部分を描くためにはたしかに灰色を調合するだろう。

表面の色は表面がもっている性質である。それゆえ人は表面の色を純粋な色の概念とは呼びたくないかもしれない。しかしそうなるとその**純粋な**色の概念とは何なのか?!

五七　絵のなかでは白がつねにもっとも明るい色だと決まっているというのは、正しくない。しかし色のついた点の平面的な組みあわせであれば、たしかに白がもっとも明るい。ある絵のなかで、白い紙の一冊の本が陽の射さない場所に描かれ、黄色く、青くあるいは赤っぽく輝く空がその本よりも明るく描かれることがあるかもしれない。しかしたとえば壁紙のような平らな面を、それが純粋な、黄色と赤と青と白と黒の正方形からできていると私が記述する際には、黄色い正方形が白い正方形よりも明るかったり、赤い正方形が黄色の正方形より明るいことはありえない。

だからこそゲーテにとって色とは影のことだったのである。(訳註19)

(訳註19) たとえばゲーテは、彼の『色彩論』のなかで次のように述べている。「色彩そのものは陰影的 (σκιερόν) である。それゆえキルヒャーが色彩を『陰影でおおわれた光』(lumen opacatum) と呼んだのは、まったく正鵠を射ている」。『色彩論』序論、木村直司訳 (『ゲーテ全集』14、潮出版社、三三〇頁 ; Goethe: Sämtliche Werke 10, *Zur Farbenlehre*, Münchner Ausgabe, S. 47) を参照。

五八(訳註20) 表面色という色概念よりもさらに基本的な色の概念(原註3)が存在するように思われる。それは視野を構成する色の細かい部分によって描出されうるか、星のような輝く点によって描出されうるかのどちらかだ、と人は考えたくなる。これらの色の点や細かい色の斑点から、より大きな色の広がりも構成されることになる。したがってその結果、その位置に多くの細かい色の斑点があると述べることによって、表面の色からうける印象も記述することができるだろう。

しかし、たとえばそのような小さい色見本を、より広い表面の部分とどのように比較するべきなのだろうか？　この色見本のまわりにはどのような環境がふさわしいのだろうか？

（訳註20）「より小さな斑点は、より大きな斑点よりもいっそう単純である、と言うことができるか。

それらが一色の円である、と想定しよう。より小さな円の方がいっそう単純であるということは、どの点に存しているのか。

より大きな円はより小さな円になおある部分を加えたものからなる、ということはありうるが、しかしその逆は成り立たない、と言われることがあろう。しかしなぜ、より小さな円をより大きな円と円環との差として描出すべきではないのか。

それ故、より小さな斑点がより大きな斑点よりもいっそう単純である、というわけではない、と私には思われる。

一色の斑点は、それを一色ではないと表象する場合を別にすれば、合成されたものとしてみることがまるで不可能であるかのように思われる。分割線の表象がその斑点を多色とする、というのも分割線は斑点の残りの部分とは異なった色でなければならないからである」。『哲学的考察』奥雅博訳、『全集』2、二〇五節（PB, 205.）。

（原註3）**それ以外に**、より単純な、より要素的な、より純粋な、とも書いてあった（編者）。

五九　われわれの普段の生活では、まわりにあるのはほとんど純粋でない色ばかりである。それだけにわれわれが、**純粋な**色の概念をつくりだしたということはいっそう奇妙なことだ。

1950. 3. 29

六〇　われわれが「純粋な」茶色という言い方をしないのはなぜか？　それは、たんに茶色がもつ、それ以外の「純粋な」色に対する位置や、茶色が他のすべての色と類似しているという理由からなのか？　――とりわけ茶色は表面色という性質しかもたない。つまりそれは、**澄みきった**茶色は存在せず濁った茶色しか存在しないということである。またそれは茶色が黒をふくんでいる、ということも意味する。――（？）――**純粋な、本来の**茶色を知っている人だとわれわれが言えるような人物は、どのような態度をとらなければならないのだろうか？

六一　われわれは何度でも繰りかえして、人は色の名前の意味をどのように学ぶのかと問いつづけなければならない。

六二　『茶色は黒をふくんでいる』というのは何を意味しているのだろうか？　かなり黒っぽい茶色やそれほど黒っぽくない茶色は存在する。それでは、もうまったく黒っぽくない茶色は存在するだろうか？　まったく**黄色っぽく**ない茶色であれば、たしかに存在しない。（原註4）

（原註4）手稿ではここに疑問符らしきものが書かれているようにも見える（編者）。

六三　われわれがさらにいっそう深く考えるなら、はじめは思いもよらなかった色の「内的性質」がしだいにわれわれの念頭に浮かんでくる。そしてこのことによって、われわれは哲学の探究がどのように進むかを見ることができる。われわれはつねに、考えもしなかった新しいものが自分の念頭に浮かぶことを覚悟していなければならない。

六四 われわれの色彩語が、われわれの視線があちこちに向かう表面の印象を特徴づけるものであることも忘れてはならない。色彩語はそのためにある。

六五 『茶色い光』。街角の信号は茶色であるべきだと提案がなされたと仮定してみよ。

六六 (たしかにたとえば「玉虫色に輝く」といった形容詞があるように)広い面がもつ色の特徴を表す形容詞が今後見つかり、また(たとえば「鈍く光る」「きらきら輝く」「光沢のある」「光り輝く」といったような)限定された領域のわずかな範囲がもつ色の特徴を表す形容詞も見つかるだろう、というのはたんなる希望的観測にすぎない。

六七 たしかに、純粋な色は誰もが使うような個別の名前さえもってはいない。そう考えると、純粋な色というのはわれわれにとってさほど重要ではないことになる。

六八　だれかが自然のなかのどこか適当な部分を描き、しかも実物通りの色で描いたと考えてみよう。そのように描かれた絵は表面のどの部分もある特定の色で塗られている。それはどのような色だろうか？　私はどのようにしてその色の名を決めるのだろうか？　われわれはその色を、絵を描いた人が使った絵の具の名前、つまりその絵の具がたとえば売られるときにつけられていた名前で呼ぶべきなのだろうか？　しかしそうした絵の具が個別の環境におかれると、パレット上とはまったくちがったふうに見えてくることはありえないだろうか？

六九　したがってそのような場合には、われわれはひょっとしたら（たとえば）黒い地のなかにある小さい色の諸部分に個別の名前をつけるようになるかもしれない。

このことで私が本当に示したいのは、どれが単純な色の概念かということは、決してア・プリオリには明らかでないということだ。

1950. 3. 30

七〇　より暗い色は同時により黒っぽい色だということは正しくない。このことはなるほど明らかだ。つまり濃い黄色は白っぽい黄色よりも暗いが、より黒っぽいわけではない。しかし琥珀色も、「黒っぽい黄色」ではない（のか）。（?）それでも「黒い」ガラスや「黒い」鏡という言い方もする。――私が『黒』という言葉で本質的に表面の色を意味していることが、事柄を難しくしているのだろうか?

私はルビーについて、その色は黒っぽい赤であるとは言わないだろう、というのも黒っぽい赤と言うと**濁っている状態**を意味することになるからである。（他方、濁りと透明さは**描ける**ことも心にとめておいてほしい。）

七一　私は色の概念を感覚の概念と同じようにあつかっている。

七二　色の概念は感覚の概念と同じようにあつかわれなければならない。

七三　純粋な色の概念**そのもの**など存在しない。

七四　しかし、それでは錯覚はどこから生じるのだろうか？　それは、ほかのすべての場合と同様、論理学における性急な単純化ではないのか？

七五　すなわち、たしかにさまざまな色の概念はお互い密に類似しあっており、さまざまな「色彩語」が似たような使われ方をしてはいるのだが、しかしそこには多くの違いもある。

七六　ルンゲは透明な色と不透明な色が存在すると言っている。(訳註21)　しかしだからといって、一つの絵のなかで、緑のガラスのかけらが、緑の布とちがう緑色で描かれるわけではない。

(訳註21)　第Ⅰ部一七節訳註9、10参照。

七七　光彩を色によって描くのは絵画特有の処理方法である。

七八　色の概念における曖昧さの本質は、とりわけ色が同じであるという概念のもつ曖昧さのうちに、したがって色を比較する方法のもつ曖昧さのうちにある。

七九　金色は存在する、だがレンブラントは金の兜(訳註22)を金色で描きはしなかった。

(訳註22)これは一六五〇年頃の作品『黄金の兜の男(The Man with the Golden Helmet)』(ベルリン国立美術館蔵)のことだと思われる。なお、この作品は一九八六年の調査の結果、レンブラントの真作から外された。

八〇　なぜ灰色はどっちつかずの曖昧な色なのだろうか？　それは生理的な理由によるのだろうか、それとも論理的な理由だろうか？

鮮やかな色が鮮やかなのはなぜだろうか？　それは概念の問題なのだろうか、それとも原因と結果の問題なのだろうか？

なぜ白と黒は「色環」から排除されているのか？　たんにそれがわれわれの感覚に

そぐわないからだろうか？

八一　輝く灰色は存在しない。このことは灰色の概念に属しているのだろうか、それとも灰色の心理学に、つまりは灰色の自然誌に属しているのだろうか？　私にこのことがわからないというのは奇妙なことではないか？(訳註23)

(訳註23)　第Ⅲ部九節参照。

八二　色がそれ固有の原因と結果をもっているということを、われわれは知っている。

八三　灰色は（白と黒という）二つの極の間にあり、他のどんな色合いも受けいれることができる。

八四　われわれに白く見えるものすべてが、誰かには黒く見えるということ、またその逆も考えることができるだろうか？

八五　さまざまな色からなる色見本において、黒と白の二色が赤と緑などと別種のものとして隔てられずに並んでいることもありえよう。ただし色環のなかには、この二色は入ってこない。黒と白が他のすべての色と混ざる〔濃くしたり薄くしたりする〕という理由からだけでもそうであり、とくにこの二色はそれぞれの対極にある色〔白と黒〕と混ざるからだ。

八六　ある人々が、われわれの正常な色の幾何学とは異なる色の幾何学をもっていることを、思い浮かべることはできないだろうか？　そしてこのことはもちろん、そのことを記述することができるだろうか？　あるいは、それを記述しろという要求にただちに従うことができるだろうか？　つまり、何がわれわれに要求されているのか、はっきりとわかるだろうか？　ということを意味している。

ここでわれわれを手こずらせているのはあきらかに、何が問題になっているのか、つまり色が問題なのだということを、われわれに示してくれるのは、まさに色の幾何学に他ならないのではないか？　ということである。

八七　したがって、われわれとは異なる色の幾何学を思い浮かべる（あるいは詳細に思い描く）難しさは、結局のところ、人が**そのこと**を思い描いたのはいつなのかを突きとめる難しさなのだ。このことは、それを思い浮かべるように要求することの曖昧さも浮き彫りにする。

八八　そうなるとこれは、ここで、われわれに周知のものの類似物と見なされるべきものは何かを知る難しさになる。

八九　壁の色だと「くすんで」見えるような色でも、絵画のなかでもそうだとは限らない。

九〇　色の特徴についてのゲーテの考察が、画家にとっても役にたつことがあるとは私にはとても思えない。また装飾家にとってもほとんど役にたつまい。

九一　色の調和に関する理論が存在するならば、たとえば色をいくつかにグループ分けすることに始まり、ある種の配合や組み合わせを禁じ、別の配合や組み合わせは許容するといったものになるだろう。だがそれは、和声学がそうであるように、その規則を根拠づけることにはならないだろう。

九二　このことが、今まで述べてきた色の区別の性質について、われわれの蒙《もう》を啓《ひら》くことはありえないだろうか？

九三　〔われわれは、Aはあることを知っており、Bはその反対を知っている、とは言わない。しかし『知っている』を『信じている』にかえると、それは一つの命題になる。〕

九四　ルンゲはゲーテに次のように語っている(訳註24)、『人が青っぽいオレンジ色、赤みがかった緑、黄色っぽい紫を思い浮かべようとすると、南西から吹いてくる北風を思い浮かべるような感じがするだろう』。

同じ箇所で次のようにも語っている、『白も黒も両方とも不透明であり物そのものの色として現れる。……白いまじりっけのない水を思い浮かべることは誰にもできないだろう、ちょうど透き通ったミルクを思い浮かべることができないように。黒がたんに暗くするだけであればそれはおそらく澄んだものでもありうるだろう、だが黒はくすんでいるのだから澄んだものにはなりえない』。

（訳註24）ゲーテ『色彩論』第一部、付論（Goethe; Sämtliche Werke 10, *Zur Farbenlehre*, Münchner Ausgabe, SS. 267-8.）を参照。

九五（訳註25） 私の部屋には身の周りにさまざまに色のついた対象がある。それらの色を列挙するのはたやすい。しかし私が、たとえば私の机の**この**部分は、いまいる位置からどんな色に見えているのかと問われたら、それに対して私は答えることはできないだろう。その部分は（机全体は茶色だが、ここからだと壁の明るさによって明るくなっているので）白っぽく、それ以外の机の部分よりもとにかくずっと明るい、しかし私は色見本のなかから机のこの部分と同じ色のものを選びだすことはできないだろう。

（訳註25）「我々の日常言語はある特定の色調、例えば私の机の茶色を記述する手段を持たない。したがってこの言語にとってはこの色の像の産出が不可能である。

ある素材の色がどんなであるべきか、を私が人に伝達したい場合、私は見本を送る。そしてこの見本は明らかに言語に属している。私が語によって呼び起こす色の記憶や表象も、同様に言語に属しているのである。

記憶と現実は**一つの**空間内になければならない。

表象と現実は**一つの**空間内にある、と言うこともまた可能である」。『哲学的考察』奥雅博訳、『全集』2、三八節（PB, 38.）。

「しかし、もしそのような見本が言語に属しておらず、われわれが、例えば語の表記している色を**覚えている**のだとしたら、どうだろうか。――「われわれがその色を覚えているのなら、われわれがその語を発音するときに、その色がわれわれの精神の目の前に現れてくるのだ。それゆえ、もしわれわれがその色をいつでも思い出す可能性があるはずだとすれば、その色はそれ自体では破壊不可能でなくてはならない」――だが、その時、いったい何をわれわれは、自分がその色を正しく思い出していることの基準とみなしているのだろうか。——自分の記憶の代わりに見本を使って仕事をするとき、われわれは、時として見本の色が変ってしまったと言い、このことを記憶によって判定する。しかし、われわれはまた、時として、（たとえば）自分の記憶像がぼんやりしてくるという言い方もするのではないだろうか。われわれは見本に頼るほどには、記憶に頼っていないのではないか。（というのは、ある人は「われわれは記憶のない場合には、見本に頼っているのだ」と言いたがるだろうから。）——あるいはまた、何かの化学反応に頼る場合もあろう。いま一定の色「F」を描き出さねばならなくなったとして、その色は化学物質XおよびYが結合される場合に見える色だったとしよう。——その色がある日、他のときよりも明るく見えたとすれば、その際、場合によっては「自分がまちがっているに違いない、色はたしかにきのうのと同じだ」と言うのではないだろうか。このことは、われわれが記憶の述べていることを、いつも控訴不可能な最高の仲裁裁定として用いているわけではないことを示している」。『哲学探究』藤本隆志訳、『全集』8、第一部五六節（PU, I, 56.）。

九六　私に——あるいはすべての人に——そのように見えるからといって、それがそういうものであるということにはならない。

したがって、この机がわれわれ全員に茶色に見えているとしても、それが茶色であるとは言えない。しかし『この机はよく見るとやはり茶色ではない』という言い方はいったい何を意味しているのか？――もしこの言い方に意味があるのならば、われわれに机が茶色に見えていることから、それが茶色であるということが、やはり帰結することになるのだろうか？

九七　われわれは、正常な視覚の持ち主にある種の状況で茶色に見えるような机を、まさに茶色と呼んでいるのではないのか？　むろんわれわれは、さまざまなものがそれ自体の色には左右されずに、あるときはこの色に、あるときは別の色に見えるような人を思い浮かべることはできるだろう。

九八　その人々にそう見えるということこそ、それがそうであることを決めるその人たちの規準なのだ。

九九　そのように見えることとそうであることとが、相互に無関係であることももちろん例外的にはあるかもしれない。だからといって、それらが論理的に無関係になるわけではない。言語ゲームは例外において成立するわけではない。

一〇〇　金色は表面色である。

一〇一　われわれは言葉の使い方に関してさまざまな先入見をもっている。

一〇二　『「赤い」「青い」「黒い」「白い」という言葉が何を意味しているのか』という問いに対して、われわれはもちろんすぐに、その色をしたものを指し示すことができる。——しかし、こうしたこと以外、他には何もできないのであり、われわれにはこれらの語の意味をそれ以上説明することはできない。

一〇三　なぜならそのように指し示す以外には、われわれはそれらの語の意味について、何も思い浮かばないし、浮かんだとしてもきわめて曖昧で部分的に間違った想像しかできないからである。

一〇四　『暗い』と『黒っぽい』は同じ概念ではない。

一〇五　ルンゲは、黒は「くすんでいる」と言っている。(訳註26) このことは何を意味しているのだろうか？　これは黒が心へ及ぼす効果なのか？　ルンゲの言葉で意味されているのは、黒い色が混ざることによって生じる**効果**のことなのか？

(訳註26) 第Ⅲ部一五六節参照。

一〇六　暗い黄色を、たとえわれわれがそれを暗いと呼ぶ場合でさえ、「黒っぽい」ものとして感じるわけではないのはなぜか？

色概念の論理は、見かけ以上にとにかくかなり複雑なのだ。

一〇七　「艶のない」や「光り輝く」といった概念がある。人が「色」という言葉によって、空間における一つの点のもつ性質を思い浮かべるならば、「艶のない」や「光り輝く」といった概念は、こうした色の概念とは関係ないことになる。

一〇八　色の問題を考える際にわれわれの念頭にすぐ浮かぶ「解決策」は、「純粋な」色の概念は空間における点や分割できないほど小さな部分に関係している、というものだ。しかしそう考えると、そのような二つの点の色はどのように比較されうるのか？　という問いが出てくる。たんに一つの点からもう一つの点へと視線をうつすことによってか？　それとも色のついた対象を移動させることによってだろうか？　後者だとすると、そのときこの対象の色が変化しなかったことを、人はどのようにして知るのか？　また前者だとしても、色の比較に及ぼすその点の周囲からの影響を排除して、色の点そのものを互いに比較することはどのようにして可能なのか？

一〇九　『2×2＝4』をいまや**文字通り考える**ことができるようになった、と語っている一人の論理学者を私は想像することができるかもしれない。

一一〇　君が色の概念における論理学の役割をはっきり認識しているのではないなら、たとえば黄色っぽい赤というわかりやすい例から始めよう。この色が存在することはだれも疑わない。〔それでは〕私は『黄色っぽい』という言葉の使い方をどのようにして学ぶのだろうか？　それはたとえば配列の言語ゲームによってである。

こうして私は、黄色っぽい赤、緑、茶色、白と、より黄色っぽい赤、緑、茶色、白とを識別することを他の人との合意のもとで学ぶことができる。

さらに私は算術の場合と同じように、自分だけで学んでいける。〔しかし〕黄色っぽい青を見つけだせと言われると、ある人は緑青を見つけてくるが、別の人はその命令を理解しないかもしれない。この違いは何によるのだろうか。

一一一　私は緑青がいかなる黄色もふくんでいないと言う。〔それに対して〕他人が私に「とんでもない、緑青は黄色をふくんでいるよ」と言う場合、どちらが正しいのだろうか？　このことはどうやって吟味されうるのか？　私と彼とではたんに使っている言葉がちがうだけなのか？　――一方の人〔私〕は、青になる傾向も黄色になる傾向ももちあわせていない純粋な緑色を認めていることになるのではないか？　この緑は何かの役にたつのだろうか？ どんな言語ゲームでこの純粋な緑を使えるのだろうか？ ——少なくともまったく黄色っぽくない緑色のものや、いかなる青もふくまない緑色のものを選びだすという課題は果たすことができるだろう。そこには、もう一方の人には識別できない「緑」という分割点があることになろう。

一一二 そのような人〔純粋な緑を認めている人〕は、もう一人の人には習得できない言語ゲームを習得することができるだろう。そしてまさにこのことのうちにあらゆる種類の色盲にかかわる事柄もふくまれているにちがいない。というのも、もし「色盲の人」が正常な視覚をもつ人の言語ゲームを学ぶことができるとしたら、彼がある種の職業に就けないなどということがどうして起こるのだろうか？

一一三 したがって人がルンゲに、緑とオレンジ色のこの種の違いへ注意をうながしていたら、彼はひょっとしたら原色は三つだけだという考えを放棄したかもしれない。

一一四 さて、ある人がゲームを習得できるかできないかは、どの程度心理学ではなく論理学の問題なのだろうか？

一一五　私は、このゲームをおこなうことができない人は、この概念をもっていないと言いたい。

一一六「明日」という概念を誰がもっているのか？　われわれは誰について、その人がこの概念をもっていると言うのだろうか？

一一七　私は次のような一枚の写真を見た。ブロンドの髪を綺麗にオールバックにして薄汚れた明るい色のジャケットを着た少年と、褐色の髪の男が、ある機械の前に立っている、その機械の一部は黒塗りの鋳物であり、他の部分には加工されたなめらかな回転軸や歯車等がついている、その横に明るい亜鉛メッキの針金でできた格子がある。すべてこれらは、その印画紙がもっている、実際より明るいあるいはより暗い色合いのなかの場面にすぎなかったにもかかわらず、加工された鉄は鉄の色をしているし、若者の髪はブロンドであり、鋳物は黒であり、格子は亜鉛の色をしていた。

一一八　「明日」という概念や「私」という概念、あるいは時刻の読みとり方を教えこむことのできない精神薄弱者がいるかもしれない。彼は『明日』などの語の使い方を習得することはないだろう。

一一九　何をこの精神薄弱者が習得できないかを、私はいったい誰に伝えることができるのだろうか？　それをすでに自分自身で習得した人に対してだけではないのか？　私はある人に、別の誰かが高等数学を習得できないことを、たとえその人がそれをマスターしていないとしても、伝えることができるのではないか？　しかしやはり、高等数学を学んだ人間の方が、私の言ったことをより正確にわかるのではないか？　チェスを学んだ人は、それができない人とはちがったふうに、『チェス』という語を理解するのではないだろうか？　人が『技術を記述する』と呼んでいるものは何なのか？

一二〇　あるいは、正常な視力の持ち主と色盲の人は色盲について同じ概念をもっているのだろうか？

やはり色盲の人は『私は色盲である』という表現を理解し、そしてそれとは逆の表現も理解するのである。

色盲の人は、われわれが使っている色の名前だけでなく、『色盲』という語についても、正常な人とまったく同じようには使うことを学べない。たとえば彼は色盲であることを、正常な人が確認できる場合に、いつでも確認できるとは限らないのである。

一二一　**われわれ**正常な視覚をもつ者が、習得できるものすべてを、私は誰に対して記述できるのだろうか？

記述を理解することもすでに、彼が〔それまでに〕何かを学んでいることを前提している。

一二二　われわれが『明日』という語をどのように使っているかを、私はどうやったら人に記述できるだろうか？　私は子供にこのことを**教える**ことはできる。しかしそれは、その子供にその語の使い方を記述するということを意味してはいない。

逆に私は、たとえば「赤みがかった緑」といった、われわれが所有していない概念をもつ人たちの〔その概念の〕実際の使い方を記述することはできるだろうか？――いずれにせよ、この概念の実際の使用は、私は誰にも**教える**ことはできない。

一二三　それでは私は、『この人たちは**これ**（たとえば茶色）を赤みがかった緑と呼んでいる』と言うことだけでも可能だろうか？　その場合その語は、私ももっている一つの語と同じものを表してはいるが、たんに呼び方がちがうだけなのだろうか？彼らが私がもっているのとはまったく別の概念をもっているのであれば、私には彼らの語の使い方がまったく見当もつかないということによって、このことはわかるにちがいない。

一二四　しかし私は何度も繰りかえし、われわれの概念が現在とはちがったものであることを人は思い浮かべることができる、と言ってきたではないか。これはすべて無意味だったのか？

1950. 4. 11

一二五　スペクトルの発生についてのゲーテの学説(訳註27)は、発生の理論、つまり不充分であることが証明された一つの理論なのではなく、そもそもまったく理論ではない。というのも彼の学説によっては、何も予言することができないからである。むしろそれは、ジェームズの心理学のうちに認められる類の曖昧な思考図式なのだ。ゲーテの色彩論に関しては、いかなる決定実験(訳註28)も存在しない。

ゲーテと意見が一致する人は、ゲーテが色の本性を正しく認識していたと思っている。ここで言う「本性」とは、色にかかわる経験の集積ではなく、色の概念のうちに「ふくまれている」ものなのだ。

(訳註27) 第Ⅰ部七〇節訳註14参照。
(訳註28) 第Ⅰ部七〇節訳註15参照。

一二六　ゲーテにとって明らかなことがひとつあった。それは、影になればなるほどそこからはいかなる光もまったく生じてこないように、どんな明るさも暗さからつくりだすことはできない、ということである。——ところでこのことは、人がたとえば藤色を『赤く白みがかった青色』と呼んだり、あるいは茶色を『赤く黒みがかった黄色』と呼ぶとしても、だからといって白を『黄色く赤く緑がかった青』と（あるいはそれと似たような言い方で）呼ぶことはできない、と表現することもできよう。そしてこのことはニュートンによっても証明されはしない。白はこの意味で混合色ではない。

1950. 4. 12

一二七　「色」、これは特定の性質をもった事物ではない、したがって人は、われわれがまだ知らない色をさがしたり、想像したりすることは容易にはできないし、あるいはわれわれが知っているのとは別の色を知っている人間を想像することも容易にはできない。ある種の状況であれば、他の人たちがわれわれの知らない色を知っている、と言うこともあるだろう。そういった事態はたしかに考えられる。しかしわれわれがこうした言い方をしなければならないというわけではない。というのも、こういった言い方ができるほどには、われわれの色と充分似ているとみなさなければならないものが何であるかが、はっきりしていないからだ。それは、人が赤外線の「光」という言い方をする場合と同様である。そうした言い方をする理由は充分あるが、しかし人はこの言い方を〔言葉の〕濫用として片付けることもできる。

「他人の体に痛みをもつ」という私の概念[訳註29]についても事情は同じである。

(訳註29) ウィトゲンシュタインはさまざまな箇所でこの概念について論じている。『ウィトゲンシュタインとウィーン学団』黒崎宏訳、『全集』5、六六頁(WWK, S. 49.)、『哲学探究』藤本隆志訳、『全集』8、第一部三〇二節(PU, I. 302.)、『哲学的考察』奥雅博訳、『全集』2、六〇節(PB, 60.)、『青色本』大森荘蔵訳、『全集』6、九四頁(BB, p. 49.)等を参照。

一二八[訳註30] 全員が色盲の人からなる部族は何の問題もなく十全に暮らしていくことができよう。だが彼らはわれわれがもっている色の名前をすべてもつにいたるだろうか? また彼らが使っている語彙はわれわれの語彙にどう対応しているのだろうか? 彼らが自然だと感じる言語は私たちにはどのようにうつるのだろうか?? われわれはそれがわかるのか？　彼らはひょっとして、青と黄色と、そして〔われわれの世界では〕赤と緑が占める位置にある第三の色、という三原色をもっているのだろうか？　──われわれがそのような部族に出会い、彼らの言語を学ぼうとしたらどうなるだろうか？　そのときわれわれはある種の困難に突きあたるだろう。

（訳註30）「新たな色の発見は可能であろうか。（というのも色盲の人と我々とはもとより同じ立場にあり、彼の色は我々のと同様に完全な体系を形づくっているからである。彼は別の色がそこへと属することになる穴を見ないのである）（数学と比較せよ）」。『哲学的考察』奥雅博訳、『全集』2、九五節（PB, 95.）。『断片』菅豊彦訳、『全集』9、二五七節（Z, 257.）。

一二九　オレンジ色は赤みがかった黄色だ（等々）といったわれわれの表現方法を理解せず、（たとえば）オレンジ色が赤から黄色へと実際に変わっていく途中で現れた場合にだけ、そうしたことを言う傾向のある人々は存在しえないだろうか？　そしてそのような人々にとっては赤みがかった緑でさえ容易に存在することになるだろう。

したがって彼らは「混合色を分析する」ことはできないし、「Xがかった Y」というわれわれの語の使用を習得することもできないだろう(ちょうど絶対音感のない人のように)。

一三〇(訳註31) 色と形がかならず結びついた概念しかもっていないような人々についてはどうだろうか? 私が緑色の葉と緑色の机を彼らに指し示すときに、私は彼らについて、この二つのものが同じ色であることを、あるいはこれらが何かを共有していることを彼らは**見て**はいないと言うべきだろうか? 彼らがさまざまな形をした同じ色の対象を相互に比較することを「思いつかなかった」としたらどうだろうか? この比較は彼ら特有の状況のために、彼らにとっていかなる重要性ももたず、もっていたとしてもまったく例外的な重要性しかもたなかったのだ。それゆえそれにみあう言語という道具を形成するにいたらなかったのである。

(訳註31)「たとえばわれわれの住む世界では、一定の形が一定の色と結合しているわけではないこと、たとえば緑がいつも円形と、赤がいつも正方形と結びついて見えるわけ

ではないことを確認するのは、われわれにも関心があることだ。かりに形と色とがつねにこのような仕方でたがいに結びついている世界を想像してみれば、そこでは人は根源的な区別——形と色——が成り立たないような概念体系を理解しうるものとみなすであろう」。『心理学の哲学1』佐藤徹郎訳、『全集』補巻1、四七節（BPPI, 47.）。

「**共通なものを見てとること**。わたくしが誰かにさまざまな色彩画を示し、「きみがこれら全部の絵の中で見ている色は〈黄土色〉という」と言うものと仮定せよ。——これは、彼がそれらの絵に共通なものを探し出し、それを見てとるならば、了解される一つの説明である。その時、彼はその共通なものに目を向け、それを指示することができる。

これと、次の場合を比較せよ。わたくしが彼にさまざまな形をしていながら、すべて同じ色で塗られている図形を示し、「これらが互いに共通に持っているものを〈黄土色〉という」と言う場合。

また、次の場合とも比較せよ。わたくしが彼にさまざまな色調をもった青の見本を示し、「これらすべてに共通な色をわたくしは〈青〉と呼ぶ」と言う場合」。『哲学探究』藤本隆志訳、『全集』8、第一部七二節（PU, I, 72.）。

一三一　物体がより明るいのかそれとも暗いのかについて報告する、ある言語ゲームがある。——ところで、それと似たもう一つの言語ゲームがある。特定の色の明るさの関係について言明する、というものである（特定の二つの棒の長さの関係と——特定の二つの数の関係とを、この二つの言語ゲームと比べることができよう）。

二つの言語ゲームにおける命題の形式は（『XはYより明るい』）という同じ形式になる。しかし前者の言語ゲームにおいては命題は時間的なものであるのに対して、後者においては命題は無時間的なものとなる。

一三二　『白い』という語のある特定の意味では、白はすべての色のなかでもっとも明るい色である。

一枚の白い紙が青空からその明るさを受けとっている様子が描かれている絵のなかでは、青空はその白よりも明るい。しかし別の意味では青の方が暗い色であり、白の方が明るい色である（ゲーテ）。(訳註32) パレット上の白と青に関しては、白のほうが青よりも明るいだろう。(訳註33) パレットの上では白がいちばん明るい色である。

（訳註32）第Ⅰ部二節訳註2参照。

（訳註33）原文では「……青のほうが白よりも明るいだろう」となっている。しかし次の文と明らかに矛盾するので訂正し訳した。

一三三　私は、ある特定の灰色がかった緑色を心に刻みこみ、見本なしにつねに正しくそれを再認するかもしれない。しかし純粋な赤（あるいは青など）であれば、私はいわば何度も繰りかえしつくりだすことができる。一方の側にも他方の側にも傾かないのがまさに赤なのであって、たとえば任意の鋭角や鈍角を見分けるのとは異なった仕方で直角を見分けるように、私は赤を色見本なしで見分けるのだ。

一三四　さてこの意味では四つの（あるいは白と黒も加えれば六つの）純粋な色が存在することになる。

一三五　色の**自然誌**は、色の**本質**についてではなく、色の自然のなかでの現れについて報告しなければならないだろう。そしてその命題は、時間的命題でなければならないであろう。

一三六　他の色との類似にしたがって考えれば、白地に黒で描いたスケッチは、透明な白いガラス越しに見ても、変わらず白地に黒のスケッチとして見えなければならないだろう。というのも、黒は黒のままであり続けるにちがいないし、白は透明な物体の色も白なので白のままであるからだ。

一三七　人は、それを通すと黒は黒に、白は白に、そしてそれ以外のすべての色は灰色の色合いに見え、その結果それを通して見るとすべてが〔白黒の〕写真に写っているように見えるガラスを思い浮かべることができるだろう。しかし、私はそれをなぜ『白いガラス』と呼ばなければならないのか？

一三八(訳註34)　問題は、「透明で白い物体」を作るというのは「正三角形」を作るようなものなのか？　ということになる。

（訳註34）「「青みがかった黄色は存在しない」これは「正二角形は存在しない」という文に似ている。それを色彩幾何学の言明と呼ぶこともできるだろう。つまり、それは概念を規定する文なのである」。『心理学の哲学2』野家啓一訳、『全集』補巻2、四二一節（BPP2, 421.）。

一三九　私はある物体を観察し、たとえば光沢のない白い面を**見たり**、つまりそのような面の**印象**を受けとったり、あるいは透明であるという**印象**を（たとえ透明が存在していようといまいと）受けとったりすることがある。この印象はおそらく色の配分によって惹きおこされるのだろうが、そうした印象へのかかわり方は白とそれ以外の色とでは**同じ**ではない。

（私は緑色っぽく塗られているトタンの丸屋根を、どのような特殊な色の配分がこの見かけを惹きおこしたのかをさしあたり知らないでも、半透明の緑っぽいガラスとみなした。）

一四〇　透明な物体が視覚に与える印象のなかで、たしかに白が、たとえば反射や光彩として現れることもある。このことは、その印象が透明な感じを与えるにしても、見ている白をわれわれがかならずしも物体の白として解釈するわけではない、ということを意味している。

一四一　私が透明なガラス越しに覗きこむ。このことから私が白を見ていないと言えるだろうか？　そんなことはない。だが私はそのガラスを白として見ているわけではない。しかしこのようなことはどのようにして生じるのだろうか？　それはさまざまな仕方で生じうる。私は白を二つの眼によってそのガラスの背後にあるものとして見るかもしれない。あるいは私はその白をたんにその位置によって輝きとして見るかもしれない（ひょっとしたらそれがまったく輝いていない場合であっても）。しかしここで問題なのは、たんに何かを何かとしてみなすことではなく、見ることそのものなのだ。何かをガラスの背後にあるものとして見るためには、両眼で見ることさえまったく必要ではない。

一四二　さまざまな「色」のすべてが立体的視覚に対してかならずしも同じ関係をも

っているわけではない。

一四三　人がこのことを、われわれの幼い頃に蓄積された経験によって説明するかどうかは、どうでもよい。

一四四　先に述べた(訳註35)関係はおそらく立体性と、光と影との関係である。

（訳註35）第Ⅲ部一四二節参照。

一四五　人は、白は本質的に——目に見える——表面のもつ性質である、とも言えない。なぜなら白が光彩や炎の色としてのみ現れることも考えられるからである。

一四六　なるほど、本当は透明な物体がわれわれに白く見えることもある。しかしその物体がわれわれに白くかつ透明なものとして現れることはありえない。

一四七　しかしこのことを、白は透明な色ではない、と表現すべきではない。

一四八　「透明な」は「きらきら輝く」と比較することができよう。

一四九　視空間の一要素が白や赤であることは可能だが、透明や不透明であることは不可能である。

一五〇　透明であることと鏡のような輝きは視覚像がもつ奥行きの次元にのみ存在する。

一五一　視野のなかの単色に見える平面が、琥珀色（琥珀）でありえないのはなぜか？　この色彩語は透明な媒質と関係している。したがって画家が琥珀色のワインの入ったグラスを描いた場合、人はたとえばそのグラスが描かれている絵画の面を『琥珀色』と呼ぶことはできるが、しかしこの面の単色の一要素をそう呼ぶことはできないだろう。

一五二　輝く黒と光沢のない黒がそれぞれ異なった色の名前で呼ばれることも考えられるのではないだろうか？

一五三　透明に見えるものについてわれわれは、それが白く見えると言うことはない。

一五四　『ある人たちがわれわれとは異なる色の幾何学をもっていることを想定できないだろうか？』。このことはしかし、われわれとは異なる色の概念をもつ人たちを想定できないだろうか、ということを意味しており、そしてこのことはまた、その人たちは、われわれの色の概念はもってい**ない**が、しかしそれをわれわれも『色の概念』と呼びたくなるような、われわれのものと似かよった概念は**もっている**ということを想像できないだろうか？　ということも意味しているのだ。

一五五（訳註36）　普段から緑の正方形と赤い円を見ることにしか慣れていない人たちがいたとすれば、彼らは緑の円をまるで奇形を見たときのように奇異の念をいだいて観察するかもしれないし、それどころかたとえば、それは本当は赤い円なのだがしかし何かある……ものをもっているのだ、と言うかもしれない。(原註5)

したがって、形と色がつねに結びついている概念しかもっていない人たちならば、彼らは赤い正方形を表す固有の語や赤い円を表す固有の語、あるいは緑の円を表す語などをもっていることになろう。だがいま彼らが、今まで見たことのない緑の図形を目にしたとして、そのとき彼らは緑の円などとのいかなる類似性にも気づかないことになるのか？　また緑の円と赤い円との類似性にも彼らは気づかないことになるのだろうか？　しかし、そうした類似性に彼らが気づいていることを、私はどうやって示すつもりだろうか？

彼らがたとえば「適合している」という概念をもっていることはありえよう。だが色彩語を用いることを思いつくことはありえないだろう。

実際、数を5までしか数えない種族もいる。おそらく彼らは5までの数で記述できないものを記述する必要を感じたことがなかったのであろう。

(訳註36)「「しかしその場合、われわれの色彩概念は、今日の色彩概念と同じものだろ

うか」。それらは極めてよく似ているであろう。それはほぼ、五つまでしか数えることのできない民族の数概念とわれわれの数概念との関係のようなものである」。『心理学の哲学2』野家啓一訳、『全集』補巻2、二九五節（BPP2, 295.）。

（原註5）この節の冒頭からこの部分までは取り消し線で削除されている（編者）。

一五六　ルンゲは『黒はくすんでいる』と言う。（訳註37）つまり、黒は色からその**彩度**を奪いとる、というわけだ。だがこのことは何を意味しているのだろうか？　黒は色から輝く力を奪いとる。しかしこのことは論理的なことなのだろうか、それとも心理的なことだろうか？　光り輝く赤や光り輝く青などは存在するが、しかし光り輝く黒は存在しない。黒は色のなかでもっとも暗い色である。人は『深みのある黒』とは言うが、『深みのある白』とは言わない。

だが「光り輝く赤」は**明るい**赤を意味しているのではない。暗い赤でも輝いていることはある。しかし色はそれをとり囲んでいる**環境**によって、その環境のなかで輝くのである。

だが灰色は輝かない。

ところで黒は色を濁らせるが、暗さは濁らせないように見える。したがってそう考えると、ルビーはだんだん暗くなってはいくが、しかしそれがそのうち濁り始めるということはありえないだろう。もしルビーが赤黒くなるとしたら、それは濁ってしまうだろう。つまり、黒は表面の色なのだ。暗闇が色と呼ばれることはない。〔ところが〕絵のなかでは暗闇を黒によって描くこともできるのである。

黒とたとえば暗い紫色との違いは、大太鼓の響きとティンパニーの響きの違いに似ている。大太鼓の響きは、音色ではなく騒音だと言われる。つまりこの騒音〔大太鼓の響き〕は艶がなく完全に黒いことになる。

（訳註37）第Ⅲ部一〇五節参照。

一五七　色をほとんど識別できない晩《おそ》い時間に、君の部屋のなかを眺めてみよ、それから明りを灯し、薄明りのもとで見ていたものを描いてみよ。それは薄明りのなかにある周りのものや部屋のさまざまな部分を描いた絵になる。だが人はそのようにして描かれた絵の色を、薄明りのもとで見ていた色とどのようにして比較するのだろうか？　このような比較が、二つの色見本を私が同時に手元において並べて比較する、といった比較といかに異なっていることか！

一五八　緑は青と黄の混合色ではなく原色である、というのに賛成して何が言えるだろうか？　ここで『そのことを直接知ることができるのは、もっぱら人がそれらの色を観察することによってだけだ』と答えるのは正しいだろうか？　しかし私は、自分が『原色』という言葉でもって、緑を原色と呼ぶ傾向のある別の人が考えているのと同じことを考えているということを、どのようにして知るのだろうか？　いや――ここで、これらの問題を解決するのは言語ゲームなのだ。

いくらか青っぽい（あるいは黄色っぽい）緑があり、そうしたもともと与えられている黄色っぽい緑（あるいは青緑）に対して、それより黄色の薄い黄緑（あるいはそれより青の薄い青緑）を調合する、あるいはその色をいくつかの色見本から選びだす、という課題がある。しかし黄緑はその黄色が薄くなっても青緑になるわけではない（また逆に、青緑はその青が薄くなっても黄緑になるわけでもない）のだし、黄色っぽくなく青っぽくもない緑を選びだす――あるいは調合する――という課題だってある。そして私がここで『あるいは調合する』という言い方をしたのは、緑がたとえば黄色と青との調合によってできるからといって、緑が同時に黄色っぽくなりかつ青っぽくなるというわけではないからである。

一五九　滑らかな白い面にものが映り、するとその像はその面の背後にあるように見え、ある意味でその面を通して見られることがあるということを思い浮かべてみよ。

一六〇　私が一枚の紙について、それは純白なのだが、その紙が雪と並べられると、この紙が灰色に見えてくると言うとしても、その紙が普通の環境におかれ日常の会話のためであれば、やはり私はそれを明るい灰色とは呼ばず、白と呼ぶだろう。〔それに対して〕たとえば実験室内で私がある意味で（ときおり「精密な」時間規定という純化された概念を使うことがあるように）白の純化された別の概念を使うこともありえよう。

一六一　純粋で濃い色はそれらに固有の本質的で相対的な明るさをもっている。たとえば黄色は赤より明るい。〔それでは〕赤は青より明るいのだろうか？　私にはわからない。

一六二　中間色の概念を手に入れその使い方を身につけた人、したがって与えられた色合いよりもより白っぽい、より黄色っぽい、より青みがかったものを見つけだしたり調合したり等々ができる人に赤みがかった緑を選びだすように、あるいは調合するようにいま要求してみる。

一六三　赤みがかった緑になじんでいる人であれば、赤で始まり緑で終わるような、われわれにとっても、たとえばその二つの色のあいだで連続して移行するような色の系列を作りだすことができるはずである。その場合われわれがいつも同じ色合いを、たとえば茶色を見ているところで、彼はあるときは茶色を、別のときは赤みがかった緑を見ていることが明らかになるかもしれない。たとえば、われわれには同じ一つの色にしか見えない二つの化合物を、彼は色によって区別することができ、一方を『茶色』と、他方を『赤みがかった緑』と呼ぶ、ということが明らかになるかもしれない。

一六四(訳註38) 赤緑色盲の現象を記述するためには、赤緑色盲の人が何を習得できないかを私は言うだけですむ。しかし「正常な視覚の現象」を記述するためには、われわれが何をすることができるかを列挙しなければならないだろう。


(訳註38)「赤緑色盲の人の色の体系は、正常人のそれとは異なっている。赤緑色盲の人は、頭を回転することが不可能なため我々とは異なった種類の空間を持つ人間――というのもこの人間にとっては視空間だけしか存在せず従って例えば「背後」といったものが存在しないからであるが――、このような人間と似かよっている。……

そうすると問は例えば、赤と緑を識別しない人は、我々(又は私)が「青」「黄」と呼ぶものを本当に見ることができるのか、ということになるのか。

もとよりこの問は、他の正常に見る人が私が見るのと本当に同じものを見るのか、という問とまったく同様に無意義であるに相違ない」。『哲学的考察』奥雅博訳、『全集』2、四一節(PB, 41.)。

「あなたは、赤緑色盲の者が見ているものを想像できるだろうか。彼が見る通りに部屋を色彩画で描くことができるだろうか。

彼なら、自分が見る通りに、それを描くことができるだろうか。ではわたくしは、自分がそれを見る通りに描くことができるだろうか。どのような意味でわたくしはそれができるのか」。『断片』菅豊彦訳、『全集』9、三四一節（Z, 341.)。


一六五 「色盲の現象」を記述する人は、なるほど色盲の人が正常な人から逸脱していることだけを記述するのであり、色盲の人のその他の視覚〔現象〕もすべて記述するわけではない。

だがその人は正常な視覚が全盲の状態から逸脱していることも記述できるのではないだろうか？ 人は次のように問うことができよう。その記述は誰を教えるためのものなのか？ 私が木を見ていることを、他の人は私に教えることができるのか？

その場合、「木」とは何か、また「見ている」とは何なのだろうか？

一六六 たとえば次のように言うことができる。人は眼帯をつけるとしかじかに振舞い、眼帯をとって見えるようになるとしかじかに振舞う。彼は眼帯をしているときは、しかじかに反応し、眼帯をしていないときは、そそくさと街を歩き、知人に挨拶をし、あれこれの人に会釈をし、道を横断する際には自動車や二輪車などを難なく避けていく、等々。人は、新生児がものの動きを目で追うのを見て、もう彼にはものが見えていることを知る、等々。――ここで、こうした記述は誰に理解されるべきなのか？ 見えている人だけにか、それとも盲人にもか？ ということが問題になる。

たとえば、『見えている人は目で熟してないリンゴを熟したリンゴからえりわける』と言うのは意味がある。しかし『見えている人が緑のリンゴを赤いリンゴからえりわける』と言うのは意味が**ない**。というのもその「赤い」や「緑の」という語は何を意味しているのかというのが問題だからだ。

欄外の書きこみ、『見えている人が彼に緑に見えるリンゴを、彼に赤に見えるリンゴからえりわける』。

あるいは私は（赤いリンゴと緑のリンゴを指さしながら）『私は**このようなリンゴ**を**そのようなリンゴ**からえりわける』と言うことはできないだろうか？ しかし誰かが、私にとってはまったく同じに見える二つのリンゴを指して、いまと同じことを言ったとしたらどうだろうか!? さらにその彼は私に『君にはこの二つのリンゴはまったく同じに見えている、だからそれらを取りちがえたりするのだ、しかし私にはその違いが見えるのでいつでもそれぞれを見分けられる』と言うかも知れない。このことは実験によって確かめることも可能だ。

一六七　私に赤と緑を区別することを教えてくれるのは、どのような経験だろうか?

一六八　心理学は見ることにかかわる諸現象を記述する。〔しかし〕心理学はその記述を誰に対しておこなうのか?　この記述が取りのぞくことができるのは、どのような無知なのか?

一六九　ある目の見える人が、盲人のことを今まで一度も耳にしたことがなかったとしたら、――われわれがその人に盲人の振舞いを記述するのは無理なのだろうか?

一七〇　私は『色盲の人は緑のリンゴを赤いリンゴからえりわけられない』と言うことができ、またこのことを実証することもできる。だが『私は、緑のリンゴを赤いリンゴからえりわけられる』と言うことはできるだろうか? そう、たとえば味覚によって。——だが一方で、たとえば『私は君たちが「緑の」と呼んでいるリンゴを、君たちが「赤い」と呼んでいるリンゴからえりわけることができる』、したがって『私は色盲ではない』と言うことはできるだろうか?

一七一 この紙はそれぞれの場所によって明るさがいろいろ変化する。だがこの紙はより暗いところでは灰色に見えるのだろうか? 私の手が落とす影は部分的に灰色である。しかしその紙に光があたらない場合、その紙を絵にしようとすれば灰色を調合しなければならないのだとしても、私はその紙を暗めではあるが、やはり白として見ているのだ。このことは、しばしば人がかなり遠くにあるものを、遠くにはあるが小さいわけではないと思って見ているのと似てないだろうか? つまりわれわれは、『その対象がかなり小さく見えるのに私は気づいた。このことからそれがかなり遠くにあることが推察される』などと言ったりはしないが、しかし私がそのことにどのようにして気づくのかは言えなくとも、その対象がかなり遠くにあることだけはわかるというのと、似てはいないだろうか?

一七二　（色のついた）透明な媒質からうける印象は、何かがその媒質の背後にあるというものである。したがって、視覚像が完全に単色であれば、それは透明ではありえない。

一七三　色のついた透明な媒質の背後の白いものは、その媒質の色がついて現れるのに、黒いものは黒のまま現れる。この規則にしたがえば、白い紙に描かれた黒いスケッチは白い透明な媒質の背後におかれても、色のついていない媒質の背後におかれた場合と同じように見えなければならない。

ここでいま問題になっている文は物理学の命題ではなく、われわれの視覚経験を立体として解釈する際の規則なのである。人はまた『君が透明な赤の背後にある白いものを描きたいならば、君はそれを赤く描かねばならない』という文が画家のための一つの規則であると言うこともできよう。つまり君がそれを白く描けば、それが赤の背後にあると見えることはない。(原註6)

（原註6）手稿ではここからこの節の冒頭の『色のついた透明な……』という文へ矢印が書かれている（編者）。

一七四　白い紙が少しだけ暗くなっているところでも、それは灰色に見えることは決してなく、つねに白く見える。

一七五　問題は、われわれの視覚像が透明な媒質をわれわれに示しているのであれば、その視覚像はどんな性質をもっていなければならないだろうか？　たとえば媒質の色はどのようにして現れなければならないのだろうか？　ということである。ここでわれわれは、——直接物理学の法則を問題にするわけではないが——物理学的な言い方をするなら、純粋に緑色のガラスを通すとすべてのものが多少とも暗い緑色をおびて見えなければならないだろう。〔そうなると〕もっとも明るい色合いは媒質の色合いである、ということになるだろう。したがって人が媒質を通して見ているものは写真と似ているのだ。以上のことを白いガラスへあてはめるなら、これもまたすべて写真に写されたように見えるはずである。ただしこの場合は白と黒の間の色合いをおびている。そしてそのようなガラスが存在したとして、人はそのようなガラスをなぜ白と呼ぼうとしてはならないのだろうか？　そう呼んではいけない理由があるのだろうか？　他の色のガラスとの類比がどこかでくずれているのか？

一七六　緑色のガラスでできた立方体は、われわれの目の前にあるときには緑色に見える。つまり全体の印象は緑色である、したがって白い立方体の全体の印象は白になるはずであろう。

一七七　われわれがその立方体を白でありかつ透明であると呼ぶことができるためには、それはいったいどこで白く見えなければならないのか？

一七八　白とそれ以外の色の間になりたつ類似と対立が、緑とそれ以外の色の間での類似と対立と異なっているから、白は透明な緑のガラスとまったく似ていないのだろうか？

一七九　光が赤いガラス越しに差しこんでくると、その光は赤く見える。では白い光はどのように見えるだろうか？　黄色は白い光のなかでは白っぽくなるべきだろうか、それともたんに明るくなるべきだろうか？　また黒は灰色になるべきだろうか、それとも黒のままなのだろうか？

一八〇　われわれはここで物理学があつかう事実にかかずらっているわけではない。そうした事実が、見え方についての法則を規定するのなら、話は別であるが。

一八一　どんな透明なガラスについて、それが一枚の緑の紙と「同じ色」をもっていると語るべきかは、かならずしもただちに明らかにはならない。

一八二　その紙がたとえば薔薇色、藤色、空色の場合には、そのガラスは少し曇っていると考えられるだろうが、しかしほんのわずか赤みがかっているだけ等々の透き通ったガラスとも考えられるかもしれない。だから、ときに色のついていないものが『白い』と呼ばれるのである。

一八三　透明なガラスの色とは、そのガラスを通して白い光源を見たときの色だ、と人は言うことができるかもしれない。

しかし無色のガラスを通してその光源を見ると澄んだ白に見える。

一八四　映画を見ていてしばしばフィルムのなかの出来事が、まるでスクリーンの後ろでおこり、このスクリーンが一枚のガラスの板であるかのように透明に見えることがある。だがそれと同時にそのガラスによってフィルムのなかでおこっている出来事はその色を失い、白と灰色と黒だけがガラスを通過しているようにも見える。だからといってそのとき人は、そのガラスの板を透明で白いと呼ぼうとはしない。

緑のガラス板であれば、それ越しにものはいったいどのように見えるだろうか？もちろん一つの相違点がある。それは、緑のガラスは明るさと暗さの違いを曖昧にするだろうが、スクリーンのガラスはこの違いに何ら影響を与えることはない、という点だ。さらに「透明で灰色の」板の場合は、その違いをいくらか曖昧にするだろう。

一八五　緑色のガラスの板について、たとえば人は、その背後にあるものにそのガラス板の色をつけると言うだろう。だが私の「白い」板〔スクリーン〕も色をつけるのだろうか？　——緑の媒質がものにその色をつける場合、とくに白いものに色をつける。

一八六　色のついた媒質の薄い層はほんの少しだけものに色をつける。では薄い「白い」ガラスはどのように色をつけることになるのだろうか？　それはものからすべての色をまだ奪いとっていないことになるのか？

一八七　『人は純粋で白い水を思い浮かべることはできないだろう、……』。こうした言い方は、白く透き通ったものがどのように見えるかを人は記述することができないということを意味している。つまり、この〔「白く透き通ったもの」という〕語によって人がどんな記述をしなければならないのかわれわれがわからない、ということを意味しているのだ。

一八八（訳註39） われわれは色についての理論を見いだそうとしているわけではない（生理学の理論にも心理学の理論にも興味はない）、われわれが見つけたいのは色の概念についての論理学なのだ。そしてこの論理学こそ、人がしばしば誤って理論に期待していたことをかなえてくれる。

（訳註39）第I部二二節訳註12参照。

一八九 色彩語を色のついた何枚かの紙を指し示しながら誰かに説明したとしても、**透明である**という概念にはまだ一言も触れられていない。さまざまな色の概念にそれぞれ異なる関係をもっているのが、この概念の特徴である。

一九〇 したがって、やはり色そのものを見ても色の概念がきわめて異なっていることに気づくことは決してない、と言いたがるような人がいれば、君はまさにこれらの概念間の類似（同一性）には注目したが、しかしある概念と別の概念との関係のうちにはさまざまな相違もあるのだ、とわれわれは答えなければならないだろう。［このことに関するよりすぐれた註釈。」

一九一　緑のガラス板がその背後にあるものを緑色にする場合、そのガラス板は白を緑に、赤を黒に、黄色を黄緑に、青を緑がかった青にする。したがって、白い〔ガラスの〕板はすべてのものを白っぽいものにするはずであり、それゆえすべてを淡くするはずである。その際、黒が灰色にならないのはなぜか？——また黄色いガラスでさえものを暗くするのだから、白いガラスも暗くすることになるのか？

一九二　色のついた媒質はすべて、それを通して見られるものを暗くし、光を吸収する。それでは私が想定した白いガラス(訳註40)も、ものを暗くすることになるのだろうか？そしてそのガラスが厚みをませばますほど、それだけいっそう暗くするのだろうか？だがそのガラスはやはり白は白のままにしておくはずである。そうなると結局「白いガラス」というのは本当は暗いガラスだということになるだろう。

(訳註40) 第Ⅲ部一八四、一八五節参照。

一九三　緑が白いガラスを通すと白っぽくなるなら、灰色がより白っぽくならないのはなぜか、さらに黒が灰色にならないのはなぜか？

一九四　色のついたガラスがその背後にあるものを明るくする理由はやはり見つからない。そうなるとたとえば緑色のものはどうなってしまうのか？　私はそれを灰色がかった緑として見るべきだろうか？(原註7)　そうなると緑色のものはそれを通すとどのように見えるべきだろうか？　白っぽい緑か？(原註8)

（原註7、8）ここは、この二つのちがう言い方をしている（編者）。

一九五　色がすべて白っぽくなると、絵はますますその深みを失っていくことになるだろう。

一九六　灰色は光があまりあたっていない白ではないし、暗緑色も光があまりあたっていない明るい緑ではない。

なるほど人は『夜になると猫はすべて灰色になる』という言い方をする、しかしこの文の本当の意味は、われわれは猫の〔本来の〕色を識別できない、そしてそれは灰色でもありえるだろう、ということなのだ。

一九七(訳註41) そうすると白とその他の色との決定的な違いはどこにあるのか? それは〔白の〕〔他の色との〕類似が非対称なことか? 具体的にいうと、色の八面体における〔白の〕特別な位置にあるのだろうか? あるいはむしろ明るさと暗さに対して白と他の色が異なった位置をもっているということにあるのだろうか?

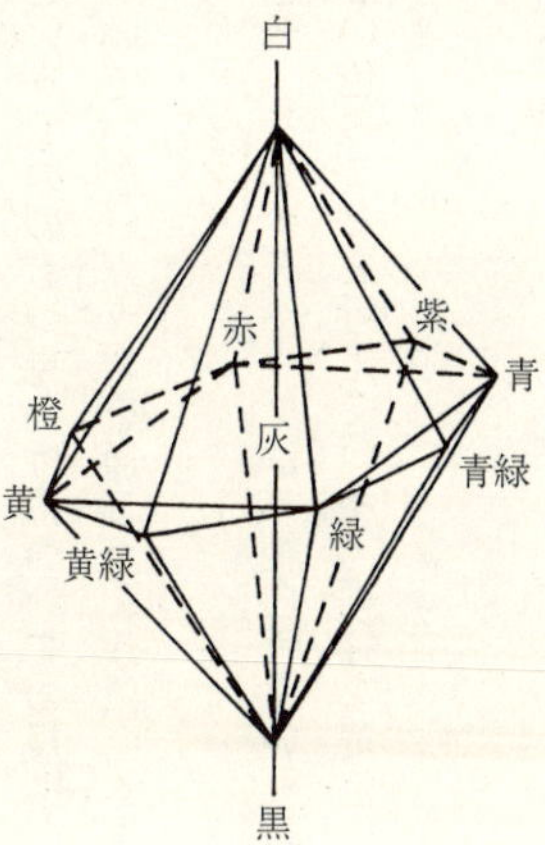

頂点に原色を配した正八面体に、混色を加えたもの。（『哲学的考察』二二一節〔PB. 221〕より）

（訳註41）「色八面体は文法である。というのも、赤みがかった青について話すのは可能だが赤みがかった緑の話はできない、等々と、色八面体は語るからである」。『哲学的考察』奥雅博訳、『全集』2、三九節（PB. 39.）。色八面体については右図を参照のこと。

一九八 透明で白いガラスの印象を〔絵を見る人に〕生じさせようとする画家は何を描くべきだろうか？

赤と緑（等々）を白っぽくするべきなのだろうか？

一九九　〔白いガラスと他の色のガラスとの〕違いは要するに、色のついたガラスはすべて白に色をつけるはずだが、私のガラス[訳註42]は白を白のままにしておくか、たんに暗くするかのどちらかだ、ということだけではないのか。

（訳註42）第Ⅲ部一八四、一八五、一九二節参照。

二〇〇　色のついたガラスを通して見られた白はそのガラスの色に見える。これは透明というもののもつ見かけについての規則だ。それゆえ白は白いガラスを通すと、色のついていないガラスを通したように白く見える。

二〇一　リヒテンベルクは「純白」という言い方をし、その言い方で色のなかで**最も明るい**色のことを考えている。純粋な黄色についてそのような言い方は誰もしないだろう。

二〇二　白が物体の色だと言うのは奇妙である、なぜなら黄色や赤だって表面の色になりうるのに、そういう黄色や赤をわれわれが白とはっきり区別することはないからだ。

二〇三　さまざまな明るさで照らされた表面をもつ白い立方体を黄色いガラス越しに眺めてみると、そのときその立方体は黄色に見え、その表面はやはり同じようにさまざまな光の強さで照らされている。ではその立方体を白いガラス越しに眺めるとどのように見えることになるのか？　また黄色い立方体を白いガラス越しに眺める場合はどうなのか？

二〇四　それは、あたかも人が白あるいは灰色をその色に混ぜたようになるべきなのか？

二〇五　あるガラスを通すと白と黒と灰色は色が変わらないのに、それ以外の色は白っぽくなる、ということはありえないだろうか？　そのようなガラスがあれば、それが白く透明なガラスに最も近いのではないか？　そうなるとそのガラスを通したものは実物通りの色の痕跡をまだ残している（白黒）写真のような印象を与えるだろう。だがそれぞれの色の暗さの度合いはその場合でも保持され、決して弱められることはないはずだ。

二〇六（訳註43）　ゲーテ自身みずから関心をもって取りくんできた問題を解決しなかったのは事実だとしても、（ニュートン理論のような）物理学の理論がそれを解決できるわけではない、ということだけは私は理解できる。

（訳註43）「ゲーテが本当に手にいれたいと思っていたのは、物理学的な色彩理論ではなくて、生理学的な色彩理論だったのではないだろうか」。『反哲学的断章』丘沢静也訳、青土社、五五頁（VB, S. 475.）。
「色は、私たちに哲学する気をおこさせる。色彩論にたいするゲーテの情熱は、このことから説明されるかもしれない。
色は私たちに謎を与えるようである。私たちを刺激はするが苛立たせはしない謎」。

同書、一七七頁（VB, S. 544.）。

二〇七　私が純粋な赤をそのガラス越しに眺めてそれが灰色に見えるならば、この場合その色の灰色という実質がそのガラス越しに実際生じたのだろうか？　逆の言い方をすると、やはりそのように**見えている**だけなのか？

二〇八　黄色が黒にのみこまれるのを認めておきながら、白いガラスが何か他のものにも色をつけるのであれば、黒にも色をつけるはずだと私が感じるのはなぜだろうか？　それは、透明で色のついたものがとりわけ白にはかならず色をつけたからではないか。もしその透明で色のついたものが色をつけることなく、それ自身が白であるならば、それは濁っているのだ。

二〇九　目をできるだけ細めて周りのものを見ると、色は不明瞭になりさらにすべてのものが白黒に変質してしまう。だがその場合、この状態は私には、しかじかの色のついたガラスを通して見ているように思われるだろうか？

二〇　人はしばしば白について、色がついていない、と言う。それはなぜか？（透明のことを考えているわけではない場合でも、白には色がついていないと言う。）

二一　白がその他の純粋な色と同等に見えるときもあり（旗の場合がそうである[訳註44]）、逆にそう見えないときもある、というのは注目に値する。

たとえば白っぽい緑や白っぽい赤が『濃くない』と言われるのはなぜだろうか？　これらの色を**薄める**のが黄色ではなく白なのはなぜか？　このことは色の心理学（つまりは色が与える印象）の問題なのだろうか、それとも色の論理学の問題なのだろうか？　つまり、人が『濃い』あるいは『くすんだ』等々といった種類の言葉を用いるのは心理的なものに基づいているのだが、しかし、人が一般に明確に〔色を〕区別するとき、それは概念的なものを目指している。

（訳註44）第Ⅲ部二節、二三節参照。

二一二　このことは、赤は色の対立を消していかないのに、白はしだいに色の対立をすべて消していく、ということと関係があるのだろうか？

二一三　同一の主題でも短調には長調とは異なったおもむき〔特徴〕がある、だからといって短調一般の特徴について語るのはまったく見当はずれだ。（シューベルトの曲では長調の方が短調よりしばしば悲しく聞こえる。）それと同じように、個々の色の特徴について語るのは、絵画の理解には役に立たず余計だと私には思われる。そのとき人が実際に念頭においているのは、個別の使い方にすぎない。テーブルクロスの色として緑はこのような印象をあたえ、赤はあのような印象をあたえるという事実から、絵のなかの緑や赤があたえる印象を推論するわけにはいかない。(訳註45)

（訳註45）『反哲学的断章』丘沢静也訳、青土社、一二二〜三頁（VB, S. 570）と同一。

二一四　白はすべての色を溶かす――赤もそうだろうか？

二一五　茶色の光や灰色の光が存在しないのはなぜか？　白い光も存在しないのだろうか？　輝いている物体が白く見えることはあるが、茶色や灰色には見えない。

二一六　人が灰色熱を思い浮かべることができないのはなぜか？
灰色熱を白熱の度が低いものと考えることができないのはなぜだろうか？

二一七　輝いているように見えるものが灰色にも見えることはありえないのは、輝いている無色のものがつねに『白い』と呼ばれることを示唆しているにちがいない。したがってこのことは白というわれわれの概念について何ごとかを私たちに教えてくれる。

二一八　弱い白光が灰色の光なのではない。

二一九　しかしそうはいっても、われわれの目にうつるすべてのものに光を注いでいる空が灰色になることもあるではないか！　私はたんなる見かけから、空そのものが輝いていないことをどのようにして知るのだろうか？

二三〇　大雑把に言えばこのことは、何かが「灰色」や「白」になるのは特定の環境におかれたときだけだ、ということを意味している。

二三一　私はここでゲシュタルト心理学者が言うようなこと、つまり、**白の印象**がこれこれの状態で生じる、などと言っているのではない。むしろ問題は、白の印象とは何か、そしてこの〔「白の印象」という〕表現の意味、つまり「白の」という概念のもつ論理が何であるか、ということにつきる。

二三二　というのも、人が「灰色熱に輝く」ものを思い浮かべることができないというのは、色についての心理学があつかうべきものではないからだ。

二三三　ある物質が灰色の炎をあげて燃えているとわれわれに告げられたと考えてみよ。むろん君はあらゆる物質の炎の色を知っているわけではない、それではなぜ灰色の炎があってはならないのか？　しかしこんなことを言っても仕方がない。私が灰色の炎のことを耳にしたら、炎が**わずかに輝いている**としか考えないだろう。

二二四　輝いている**ように見える**ものは灰色には見えない。灰色のものはすべて光を受けている**ように見える**。

だが何かが「輝いているように見える」ことがあるのは、見られているものの領域に明るさが属しているからだが、しかし「何かを輝いているもの**として見る**」こともある。またある種の状況では、反射した光を輝いている物体そのものの光とみなすこともある。

二二五　したがって私は何かあるものを、**あるときは**わずかに輝いているものとして、**あるときは**灰色のものとして見るかもしれない。

二二六　輝いて見えるものをわれわれは灰色として見ることはない。しかし白としてなら見ることはある。

二二七　人は「暗赤色の光」という言い方はするが、「赤黒い光」とは言わない。

二二八　輝きの印象というものは存在する。

二二九　白や灰色の印象はこの条件下でのみ（因果的に）成立すると言うことと、そうした印象は一定の文脈における印象であると（定義として）言うこととは、同じではない。（前者はゲシュタルト心理学であり、後者は論理学である。）

二三〇[訳註46]　「根源現象[訳註47]」とはたとえばフロイトが単純な願望充足の夢に関して認識していると思っていたことである。根源現象はわれわれの心をとらえている先入観念なのである。

（訳註46）「なぜ私は言葉を、その言葉のもとの用法にそむいたかたちで、使ってはならないのか。それは、たとえばフロイトが、不安の夢までを願望夢と名づけるときに、や

っていることではないか。……」。『反哲学的断章』丘沢静也訳、青土社、一一八頁（VB, S. 511.）。

（訳註47）ゲーテの用語。さまざまな現象を貫く必然的な連関のこと。直観によって見出す現象界の最高の段階。『色彩論』木村直司訳、潮出版社、10章（『ゲーテ全集』14、三四六頁；Goethe; Sämtliche Werke 10, Zur Farbenlehre, Münchner Ausgabe, S. 74.）参照。

二三一　夜、幽霊が私の前に姿を現わしたとしたら、それは淡く白っぽい光（見かけ）で輝いているかもしれない。だがそれが灰色に見えるなら、どこか別のところから光がさしているように見えるにちがいない。

二三二　心理学が見かけについて語る場合には見かけを存在そのものと結びつけるだろう。だがわれわれは見かけについてしか語りえないのであり、あるいは見かけと見かけを結びつけるのである。

二三三　幽霊の色は私がそれを正確に模写するためにパレット上で調合しなければならない色だ、と人は言うことができよう。

しかし何が正確な絵なのか、どのようにして決めるのだろうか？

二三四　心理学は体験されたものを物理的なものと結びつける、だがわれわれは体験されたものを体験されたものと結びつける。

二三五　人は薄明りを薄明りのなかで描くことができよう。絵の「正しい照明」が薄明りであるということもあるだろう。（舞台の書割のように。）

二三六　なめらかな白い面はものを映しだせる。たとえばいま人が勘違いをしていて、そのなめらかな白い面に映っているように見えるものが、実はその面の背後にあるものであり、その面を透かして見られていたのだとしたらどうだろうか？　このときその面は白であり同時に透明でもあるということになるのだろうか？　その場合でも、われわれが見ているものは色のついた透明なものと一致するわけではない。

二三七　「黒い鏡」という言い方がある。しかし、その鏡にものが映っている場合には、なるほど暗くなるが、だからといってその鏡が黒く見えるわけではないし、その黒が「くすんでいる」わけでもない。

二三八　なぜ緑は黒にかき消されるのに白はかき消されないのか?

二三九　表面の視覚的現象にしか関係しない色の概念は存在する。そして透明な媒質の現象、というよりむしろ透明な媒質の視覚印象にしか関係しない色の概念が存在する可能性もあるだろう。事実、人は銀の表面の白く輝く光を、たとえば『白』と呼ぼうとはせず、それを表面の白い色とは区別するかもしれない。ここから『透明な』光という言い方がされるようになったのだと思われる。

二四〇　もしわれわれが子供に発色して燃えている炎や色のついた透明な物体を指さしながら色の概念を教えるなら、白と灰色と黒が独特の性質をもっていることがいっそう明らかになるだろう。

二四一　すべての色概念がかならずしも論理的に同じ種類のものではない、ということには容易に気づく。「金の色」や「銀の色」といった概念と「黄色」や「灰色」といった概念の違いを見てとるのはたやすい。

だが「白」と「赤」がいくぶん似てはいるが、ちがってもいるということを見抜くのは難しい。

二四二　ミルクは白いから不透明なのではない——あたかも白が不透明なものであるかのように。

たとえ「白」が視覚がとらえる表面にしか関係しない概念だとしても、その場合なぜ透明なものに関係するような、「白」に似た色の概念が存在しないのだろうか？

二四三　それを通して見ても、黒と白の市松模様（チェス盤）が変化しない媒質を、たとえその媒質が、それ以外の色を白っぽい色に変える場合であっても、白い色の媒質とは呼ぼうとはしないだろう。

二四四　灰色と、わずかに照らされているかあるいはわずかに輝いている白は、ある意味で同じ色になることもある。というのもそのような白を塗るときに私は、パレット上で灰色を調合しなければならないこともあるからだ。

二四五　私が何かを灰色と見るか白と見るかは、私が身の周りのものを照らされたものとして見るその見方に左右されることがある。ある状況ではその色は、私にとって照明が暗いときの白であり、別の状況では照明が明るいときの灰色である。

二四六　私の目の前にあるバケツに白く輝くようにラッカーが塗られている。私はそのバケツを『灰色』と呼んだり、『私は灰色を実際に見ているのだ』と語ったりするわけにはいかないだろう。ところがそのバケツの一部分に光沢があり、そこはそのバケツの他の面よりもはるかに明るく、そしてこのバケツは丸みをおびているので、光から影にしだいに移行している。だからといって別の色がついているように見えるわけではない。

二四七　バケツのこの部分の色は何という色だろうか？　私はこの問いにどのように答えるべきなのか？

二四八　たしかに現象学は存在しないが、しかし現象学があつかっている問題の方は存在する。

二四九　赤を混ぜても色は薄くならないが白を混ぜると色は薄くなると人は言いたくなる。

その反面、人は薔薇色や白っぽい青色をつねに薄められたものと感じるわけではない。

二五〇　『輝いている灰色は白である』と言うことができるだろうか？

二五一　われわれが色の本質について熟考する際に出会う困難（ゲーテが色彩論を通じて取りくもうとしたもの）は、われわれが色の同一性に関して一つの概念をもっているだけではなく、お互いに類似した概念をいくつももっている、ということのうちにすでにふくまれている。

二五二　問題は、われわれがある視覚像を色のついた透明な媒質の視覚像と呼ぶことにするなら、その視覚像はどんな性質のものでなければならないだろうか？　ということである。あるいは、何かあるものが色がつきかつ透明なものとしてわれわれの前に現れるためには、それはどのように見えなければならないだろうか？　とも表現できる。これは物理学の問題ではないが、しかし物理学があつかう問題と関係している。

二五三　色のついた透明な媒質の視覚像と呼ばれる、われわれの視覚像はどんな性質をもっているのだろうか？

二五四　一見したところ『材質の色』と呼ぶことができるものと、『表面の色』と呼ぶことができる二つの色があるように思われる。

二五五　われわれの色の概念は、〔雪は白いと言うときのように〕材質〔物質そのもの〕にかかわったり、〔この机は茶色だと言うときのように〕表面にかかわったり、〔赤い残照のなかでといった表現のように〕光の明るさにかかわったり、あるいは透明な物体にかかわったりもする。それでは空間内の連関から論理的に切りはなされた、視野の一部分に〔色の概念を〕適用することもあるのだろうか？

私は、たとえ視覚像を決して空間として考えることができなくても、『そこに私は白を見ている』と（たとえばそれを描いて）言うことはできるのではないか？（斑点の色）（私は点描画法のことを考えている。）

二五六　ある色を一般的に名づけることができるからといって、それを正確に写しとることができるというわけではない。私は、『そこに赤っぽい部分を見ている』と言うことならあるいはできるかもしれないが、だからといって、私にまったく同じに見える色を調合できるわけではない。

二五七　たとえば君が目を閉じたときに見えるものを描いてみよ！　やはり君はそれをおおざっぱにしか記述できない。

二五八　磨かれた銀やニッケルやクロム等の色を思い浮かべてみよ、またこれらの金属のけずられた部分の色を思い浮かべてみよ。

二五九(訳註48)　私はある色に『F』という名前をつけて、それは私がそこに見ている色であると言う。あるいは場合によっては、私は自分の視覚像を描き次に一言『私はこれを見ている』と言うかもしれない。さて、私のイメージのこの部分にはどんな色があるのか？　私はそれをどのようにして決めるのか？　私はたとえば『コバルトブルー』という語をあてはめる、しかしその際私は「K〔コバルトブルー〕」が何かをどのようにして心に留めるのか？　私は一枚の紙をあるいは瓶に入った染料を、この色をもっともよく表す典型として選びとることができよう。それでは私は、（たとえば）ある表面がこの色をしているということをどうやって決めるのだろうか？　すべては比較する方法にかかってくる。

（訳註48）「次のような場合を想像してみよう。わたくしは、ある種の感覚がくりかえし起こることについて、日記をつけたいと思っている。そのため、わたくしはその感覚を「E」という記号に結びつけ、自分がその感覚をもった日には必ずこの記号をカレンダーに書きこむ。――わたくしがまず第一に言いたいのは、この記号の定義を述べることができない、ということである。――にもかかわらず、わたくしは自分自身に対しては、それを一種の直示的定義として与えることができる！――どのようにして？　わたくしにはその感覚を指し示すことができるのか。――普通の意味ではできない。だが、わたくしはその記号を口に出したり、書いたりしながら、自分の注意をその感覚に集中する――それゆえ、いわば心の中でそれを指し示す。――でも、何のためにそのような儀式をするのか。というのは、そのようなことは儀式であるとしか思えないからだ！　でも定義は記号の意味を確定するのに役立つ――ところが、そのことはまさに注意力の集中によって行われる。なぜなら、そうすることによって、わたくしは記号と感覚との結合を自分〔の心〕に刻みつけているのだから。――もっとも「自分〔の心〕に刻みつけ

る」というのは、このような出来事を経過すれば、わたくしが将来正しくその結合を思い出すようになる、ということでしかない。しかし、この場合、わたくしにはその正しさについての基準などないのである。そこで、ひとは、わたくしにとっていつも正しいと思われることが正しいのだ、と言いたくなる。そして、このことは、ここでは〈正しい〉という言い方ができない、ということでしかないのである」。『哲学探究』藤本隆志訳、『全集』8、第一部二五八節(PU, I, 258.)。

二六〇　ある表面に『色がついている』印象の全体と呼べるものは、その表面のすべての色を算術的に平均した類のものでは決してない。

二六一　　　　〔『私はXを見ている(聞いている、感じている、等々)』

　　　　　　　『私はXを観察している』

　Xは第一の命題と第二の命題とでは、そこにたとえば『痛み』という同じ表現が入ったとしても、同じ概念を表すわけではない。というのも第一の命題を言ったあとに『どんな種類の痛みか?』と問われたら、人はその問いかけた人を針で刺すことによって答えるかもしれない。しかし第二の命題のあとで、『どんな種類の痛みか？』と問われた場合には、たとえば『私の手の痛みだ』と別の答え方をしなければならないからだ。」

二六二　私は『（解釈などまったくしないで）私の視野の**この**部分には**この**色がある』と言いたくなる。だがわたしはこの文を何のために使うのだろうか？　というのも『**この**』色は私がもう一度つくることができる色でなければならないからだ。私があるものについて、それはこの色だと言うのはどんな状況においてなのか、はっきりしていなければならない。

二六三　誰かがレンブラントの絵の表情のなかの虹彩の一部分を指さして、『私の部屋の壁をこの色で塗るつもりだ』と言っている場合を考えてみよ。

二六四　われわれが『私の視野のこの部分は灰色がかった緑である』と言えるとしても、それが、何をこの色合いの正確なコピーと呼ぶべきか、われわれが知っているということを意味しているわけではない。

二六五　私が自分の部屋の窓から見える眺めを描いていて、ある家の構造全体の配置にくみこまれている、ある特定の場所を黄土色で描き、そして『この場所をこの色で見ている』と語る。

このことは、私にはその場所が黄土色という色に見えているということを意味しているのではない。なぜなら、その黄土色という色素はその家のまわりの色に囲まれることによって、私には実際の黄土色よりもはるかに明るく、暗く、赤みがかって（等々）見えるかもしれないからである。

私はたとえば『この場所を、私がここで（黄土色で）描いたように、つまり濃く赤みがかった黄色として見ているのだ』と言うことができる。

しかし人が私に、そこで私に見えている**正確な**色合いを告げるように要求したらどうだろうか？　私はそうした正確な色合いをどのように告げ、どのように決めるべきなのだろうか？　人は私にたとえば一枚の色見本、つまりその色をした長方形の一枚の紙を作るように要求するかもしれない。私はそのような照合にはなんの関心もないと言っているのではない。色合いがどのように照合されるべきか、したがってここで『色の同一性』が何を意味しているのかといったことが、かならずしもはじめから明らかにはなっていないことを示してくれるのは、そうした照合なのだ。

二六六　われわれが一枚の絵画をおおよそ同じ色の小さい部分に切り離して、次にこの部分をジグソーパズルのピースとして使う、と考えてみよ。そうしたピースが単色ではない場合であっても、それは立体的な外観を伴わず、平坦な色つきの部分として現れるはずである。そうしたピースは他のピースとつながってはじめて空の一部になったり、影や輝きを表したり、凹面になったり凸面になったりするのである。

二六七　したがって人は、このようなジグソーパズルが絵の部分部分の本当の色を表していると言うかもしれない。

二六八　われわれが色の概念を分析し、最終的にわれわれの視野を構成している部分部分の色へといたると、それらは三次元のものと解釈されたり、物体と解釈されたりすることはまったくなくなる、なぜならこの段階では明るさも影も輝きも透明も不透明さ等々もなくなるから、などと人は考えたがるかもしれない。

二六九　暗い地にひかれた幅のない単色の明るい線にわれわれに見えるものが、白に見えることはあっても灰色に見えることはありえない。（？）惑星が明るい灰色に見えることはありえないだろう。

二七〇　しかし状況によっては点や線を灰色と解釈することもあるのではないだろうか？（〔白黒〕写真を思い浮かべてみよ。）

二七一　私は〔白黒〕写真に写っている若者の髪の毛を実際にブロンドとして見ているのか!?　――それともやはり灰色として見ているのだろうか？

私は、〔白黒〕写真でそのように見えるものは実際にはブロンドにちがいない、と推測しているだけなのか？

ある意味では私はそれをブロンドとして見ているのであるが、別の意味ではより明るいあるいはより暗い灰色として見ているのである。

二七二　「暗い赤」と「黒い赤」は同じ種類の概念ではない。ルビーは透かしてみると暗い赤に見えることがある、だがそのルビーが澄んだものであれば、黒い赤に見えることはない。画家はそのルビーを黒い赤の点で描くかもしれないが、しかしその絵のなかでこの点が黒い赤の印象を与えることはないだろう。その平面が立体的に見えてくるやいなや、その点は深みを帯びて見えはじめる。

二七三　〔白黒の〕映画のなかでは、〔白黒〕写真と同じように、顔や髪の毛が灰色に見えることはない、それらはまったく実物とかわらぬ印象を与える。だがそれに対して皿に盛られた食べ物は〔白黒の〕映画のなかではしばしば灰色に見え、それゆえまずそうに見える。

二七四　しかし髪の毛が〔白黒〕写真でもブロンドに見えるということは何を意味しているのか？　それがそのように**見えている**のであり、色がたんに**推測**されているわけではないというのは、どのようにしてわかるのか？　われわれのどんな反応を見ればこのように言えるのか？　――そもそも石や石膏でできた人の頭は白に見えるのではないか？

二七五　『ブロンド』という言葉でさえブロンドという色を表しているように聞こえるのだから、写真に写った髪の毛がブロンドに見えることなど、それに比べたらなんとたやすいことだろう！

二七六　さて私はその写真をまったく自然に、『機械の傍らには褐色の髪の男とブロンドの髪をオールバックにした少年がいる』という言葉で記述することもあるだろう。私はそんなふうにその写真を記述するわけだが、その言葉が記述しているのは写真ではなくおそらく写真に写された実物の方であると誰かが言うなら、私はその写真はあたかも髪の毛がこの色であったかのように見えるのだ、としか言えないだろう。

二七七　私がその写真を記述するよう要求されたなら、私はそれを前と同じ言葉（訳註49）で記述するだろう。

（訳註49）前節二七六の冒頭の『機械の……いる』。

二七八　色盲の人は、自分が色盲であるという表現を理解する。盲人も自分が盲目であるという表現を理解する。しかし彼らは、正常な視覚の持ち主のこれらの文の使い方すべてができるわけではない。というのも正常な視覚の持ち主は、色盲の人や盲人が習得できない、たとえば色彩語による言語ゲームをマスターするように、『色盲』や『盲目』という言葉を使った言語ゲームもマスターするからである。

二七九　誰かが**見ている**とき、それがどのようなことであるかを、盲人に対して記述できるのか？　――もちろんできる、なにしろ盲人は自分と正常な視覚の持ち主との違いについて多くのことを学んでいるのだから。しかし人はいまの問いに対して、「できない」と答えたくなる。――だがこの問いは誤解を招くような立てられ方をしているのではないか？　人はサッカーをする人しない人を問わず、その人に対して

「誰かがサッカーをするとき、それはどのようなことであるか」ということを記述することはできる。サッカーをする人には、場合によっては、その記述が正しいかどうか彼が吟味するために記述するのかもしれない。それでは正常な視覚の持ち主に対しても、誰かが見ているとき、それがどのようなことであるかを記述できるのだろうか？　しかし少なくとも彼に、盲目とは何であるかを説明することはできる！　つまりわれわれは彼に対して盲人に特徴的な振舞いを記述したり、目隠しをしてやることができるからである。他方盲人に対しては、しばらくの間目が見えるようにすることなどできはしないが、しかし彼に対しても正常な視覚の持ち主の振舞いを記述することなら可能だ。

二八〇　「色盲であること」（あるいは「盲目であること」）は一つの現象であるが、「見ること」はそうではないと、人は言うことができるだろうか？
このことはたとえば、『私は見ている』は一つの表出だが『私は盲目である』はそうではない、ということを意味していたのかもしれない。しかしこういう言い方はやはり間違っている。私は人に街角でよく盲人と思われる。私はそのような人に『私は見ている』と言うことができよう、つまり私は盲目ではない。

二八一　しかじかのことを習得できない人々が存在することは一つの現象であり、色盲というのはこのような現象なのだと言うことができよう。――そうなると色盲とは能力の欠如であり、それに対して見えるとは、その能力をもっていることになるだろう。

二八二　私はチェスができないBに、『Aはチェスを習得することができない』と言う。Bはこのことを理解できる。――しかし次に私は、どんなゲームもまったく習得できない誰かに、しかじかの人はゲームを習得できないと言う。その〔どんなゲームもまったく習得できない〕人はゲームの本質について何を知っているのだろうか？たとえば彼がゲームについてまったく誤った概念をもつことはありえないだろうか？つまり、われわれがその人や他の人をパーティーに招待することがないのは、彼らがどんなゲームもできないからだと彼は理解しているかもしれない。

二八三　私がここで言いたいことはすべて、『私は赤い円を見ている』という表現と『私は見えており、盲目ではない』という表現は論理的に異なる、ということになるのか？　最初の言明が真であるかどうかをはっきりさせるためには、そう言った人をどのように調べればいいのだろうか？　二番目の言明が真であるかどうかはどうなのか？　心理学は色盲の確かめ方を教えてくれる、まさにこのことによって、正常な視覚もわかる。だが誰がこのこと〔正常な視覚〕を学べるのだろうか？

二八四　私は自分が習得できないゲームは誰にも教えることはできない。色盲の人は正常な視覚の持ち主に色彩語の通常の〔正常な人の〕使い方を教えることはできない。これは本当だろうか？　色盲の人ができないのは、相手に対してそうしたゲーム、つまり色彩語の使い方を実際にやってみせることなのだ。

二八五　色盲の民族の一員が、自分たちとは異質な人たち〔われわれなら『正常な視覚の持ち主』と呼ぶような人たち〕を思い描くという着想を得ることはありえないだろうか？　彼はそのような正常な視覚の持ち主を、たとえば舞台で演じることはありえないだろうか？　ちょうど彼が、予言の才能などもちあわせていないのに、そのような才能の持ち主を演じることもできるように。こうしたことなら少なくとも想定できる。

二八六　ところで色盲の人は、自分自身を『色盲』と呼ぶことをかつて思いつくことがあっただろうか？――なぜ思いつかないのか？

しかしもし「正常な視覚の持ち主」が、色盲の人ばかりのところで例外になれば、正常な視覚の持ち主は色彩語の「正常な」使い方をどのようにして習得できるのだろうか？――正常な視覚の持ち主は色彩語をまったく「正常に」用いているのだが、他の人〔色盲の人〕がそうした〔色盲の人にとって〕非日常的な能力を最終的に評価できるようになるまでは、他の人たちの目には、ひょっとしたらある種の誤りをおかしていると映るかもしれない、ということは考えられないだろうか？

二八七　私は、そのような人間に出会ったら、それが私にどのように映るか想像する（思い描く）ことはできる。

二八八　私は、私には重要に思われることに何ら価値をおかない人が、どのように振舞うか想像することはできる。しかし私は彼の〔心の〕状態を想像することはできるだろうか？——これはどういう意味だろうか？——私は、私にとって重要なことを同じように重要だと思う人の〔心の〕状態なら想像することができるのか？

二八九　私は、かけ算を自分では習得できなくても、かけ算をしている人を正確に真似することならできるだろう。

その場合、それが誰かがかけ算を習得するきっかけになることは考えられても、他の人にかけ算を教えることは私にはできないだろう。

二九〇　色盲の人が自分の色盲が判明した検査の模様を詳しく語ることができるのは明らかだ。そしてその検査のあとならば、彼は話の内容を適当につくることもできただろう。

二九一　ある人に高等数学を、教えるのではなく記述することはできるだろうか？　あるいはまた、このような記述のみの授業は計算方法の記述になるのだろうか？　ある人にテニスを記述することは、彼にテニスを教えることを意味してはいない（逆もそうである）。他方、テニスが何であるかを知らなかったが、いまそのやり方を学んだ人は、学んだ時点でテニスについて知ることになる。（『記述による知識と、直知による知識。（訳註50）』）

（訳註50）ラッセルの用語。ある対象を直接認識している場合「直知による知識」をわれわれはもっているのであり、そのような認識関係にない対象を記述によって知るのが「記述による知識」である。ラッセル『神秘主義と論理』江森巳之助訳、みすず書房、一九五九年（B. Russell: *Mysticism and Logic*, George Allen & Unwin LTD, London, 1917.）の第十章を参照。

二九二（訳註51）　絶対音感のある人は、私が習得できない言語ゲームを習得することができる。

（訳註51）「あなたが絶対音感をもっていないならば、それを想像できるだろうか。——ではもしあなたがもっているならば、それを想像できるだろうか。——盲人は見ることを想像できるだろうか。ではわたくしはそれを想像できるだろうか。——わたくしは、自分が自発的にそのように反応しないのに、そう反応していると想像できるだろうか。——もし自発的にそう反応しているとすれば、一層よくそれを想像できるだろうか」。『断片』菅豊彦訳、『全集』9、二六六節（Z. 266.）。「絶対音感をもっていないのに、それをもつということがどういうことであるかを精確に想像できる、と主張する人に対して、われわれは何と言ったらいいだろうか」。同書、二六八節（Z. 268.）。「「絶対音感をもつ人は、私とは異なる音の体験をしているにちがいない」——では絶対音感をもつ人は、誰でも同じ体験をしているのか？　もしそうでないとすれば——どうしてそれが私の体験と異なるものでなければならないのか？」。『心理学の哲学1』佐藤徹郎訳、『全集』補巻1、六一一節（BPP, 611.）。

二九三　人間がもっている概念が、人間にとって何が問題であり何が問題でないのかを示してくれる、と言うことができよう。しかしだからといって、人間がもっている特別な概念を説明していると言っているわけではない。このことによって、われわれは正しい概念をもっているが他の人々は誤った概念をもっているといった見解だけが排除されなければならない。（計算違いから別の計算の仕方への移行が存在する。）

二九四　盲目の人が、彼らがよくそうするように、青空やその他の視覚特有の現象について語ると、正常な視覚の持ち主は、しばしば『彼がそう言っているとき何を思い浮かべているか誰かわかるのだろうか』と言う。だが彼〔正常な視覚の持ち主〕はなぜ他のすべての正常な視覚の持ち主についてもそのように言わないのだろうか？　もちろんこの言い方はそもそも誤った表現なのだ。

二九五　私がこんなにながながと書いていることは素直にものを考える人にとっては自明なことかもしれない。

二九六（訳註52）　われわれは『この言語ゲームを知らない人々を思い浮かべてみよう』と言う。

しかし、それだけでは、彼らの生活がわれわれの生活とどこで異なっているかについて、まだ明確なイメージをもつにはいたらない。われわれは、何を想像すべきなのかまだわからない。というのもこの人たちの生活も、その他の点では、やはりわれわれの生活に一致しているはずであり、この新しい状況のもとでわれわれのと一致する生活と言えるようなものを新たに決めなければならないからだ。

それは、キングなしでチェスをする人々が存在すると言っているようなものではないのか？〔そうなると〕たちどころに、いったい誰が勝ち誰が負けたことになるのかなどの問題がでてきてしまう。君は、最初に決めたときにはまだ予想もつかなかった新たな決定をくださなければならなくなる。それは、もともとの技術全体を把握してもいないのに、個々のケースについてだけよく知っているようなものだ。

〈訳註52〉「しかし、こうは言えないだろうか。「一つの実体しか存在しないとすれば、われわれは〈実体〉という語の用法をもたなかったであろう」、と。だが、それはきっと、〈実体〉という概念は〈実体の区別〉という概念を前提している、ということを意味しているのである。（ちょうど、チェスの王様の概念がチェスの指し手の概念を前提し、また色という概念が様々な色という概念を前提しているように)」。『心理学の哲学2』野家啓一訳、『全集』補巻2、四三七節(BPP2, 437.)。『断片』菅豊彦訳、『全集』9、三五三節(Z, 353.)と同一。

二九七(訳註53) 他の人が偽装の能力があると考えることも偽装の一部なのだ。

(訳註53)「ある部族の人びとがごく幼い頃から、どのような感情も面に表さないように躾《しつけ》られているとせよ。感情を面に表すことは彼等にとっては何か子供っぽいこと、やめなければいけないことである。躾はきびしい。人びとは〈痛み〉のことは語らない、とりわけ、「彼はおそらく…を感じている」といった推定の形では語らない。もし誰かが悲しみ嘆くならば、彼は嘲笑されたり、罰せられたりする。偽装しているのではないかといった疑念はまったく生じない。悲しみ嘆くことが、いわばすでに偽装のようなものなのである」。『断片』菅豊彦訳、『全集』9、三八三節(Z, 383.)。

二九八 われわれから見ると偽装しているのではないかと思いたくなるような振舞い

をしているのに、その人たちの間ではお互い何ら不信の念を表していないなら、やはり彼らの間には偽装する人間の観念は存在していない。

二九九 「われわれは繰りかえし何度もこれらの人々に奇異の念をいだくにちがいない」。

三〇〇 われわれが、ある人々を舞台で演じ、実際の生活においてはもちろん口に出さないが、しかし彼らが考えそうな独り言（わきぜりふ）を口にする設定にはできよう。しかしわれわれは〔われわれとはまったく〕異質な人間をそうして演じることはできないだろう。かりにわれわれが彼らのおこないを予想できたとしても、彼らが言いそうな独り言を役者の口から言わせるのは無理だろう。

しかしこのような見方のうちにも何か誤ったところがある。というのも、ある人が、ある行為をしながら実際に自分自身にむかって何か言うかもしれないし、このことはいわばかなり習慣的なことかもしれないからだ。

三〇一　私がある人物の友人になることができるのは、彼が私自身と同じかあるいは似た能力をもっているからなのだ。

三〇二　われわれがもっている概念のうちに、われわれの生活が反映していると言うのは正しいだろうか？
　われわれの概念はわれわれの生活のただなかにある。

三〇三　われわれの言語の規則性はわれわれの生活に浸透している。

三〇四　われわれは誰について、その人がわれわれの痛みの概念をもっていないと言うのだろうか？　私は、彼が痛みを知らないと仮定することもできるだろうが、しかし私は彼がそれを知っていると仮定してみたい。そうすると彼は自ら痛がっている様子をあらわにし、そのときわれわれは彼に『私は痛い』という言葉を教えこむことができるだろう。彼は自分の痛みを覚えておく能力ももつことになるのだろうか？
——彼は他人が痛みを表すと自分の痛みと同じものとして認識することになるのだろ

うか、そしてそのことはどのようにしてわかるのか？　彼は同情を示すことになるのか？　――あるいは他人が痛いふりをしている場合に、痛いふりをしているだけだと理解することになるのだろうか？

三〇五　『私は彼がどれほど腹を立てていたのか知らない』『私は彼が本当に腹を立てていたのかどうか知らない』――彼自身はそれを知っているのだろうか？　いま人が〔そのことを〕彼に尋ねると、彼は『ええ、私は腹を立てていましたよ』と答える。

三〇六　他人が腹を立てていたかどうかについての不確かさとはいったい何だろうか？　それは不確かな感じをもつ心の状態なのか？　その状態はなぜわれわれの関心を引いてしまうのか？　不確かさは『彼は腹を立てている』という表現の使い方のうちにある。

三〇七　しかし不確かな人もいるが、確信している人もいるかもしれない。〔確信している〕彼は、この人が腹を立てているときのその人の「顔の表情を見抜ける」。〔しかし〕彼は、この立腹の徴《しるし》が腹を立てているときのものだと見抜くことをどのようにして身につけるのだろうか？　このことは簡単には語れない。

三〇八　しかし『他人の状態について不確かであるということは何を意味しているのか？』ということだけではなく、――『「その人が腹を立てていることがたしかであること、つまりそのことを**知っている**ということ」は何を意味しているのか？』というのも問題である。

三〇九　ここで人はいまや、私は本当はいったい何を望んでいるのか、私はどの程度文法について論じたいのか、と問うことができるだろう。

三一〇　彼が私を訪問するだろうというたしかさと、彼が腹を立てていることのたしかさには何か共通のものがある。またテニスとチェスの間にも何か共通なものがある。しかし後者の場合、『きわめて簡単なことだ。人々はその二種類のゲームをするが、ただまったくちがうことをやっているのだ』と言う人はいないだろう。人は**この**〔テニスとチェスの」例であれば、『彼はリンゴを食べることもあるが、梨を食べることもある』という言い方と類似していないことに気づくが、しかし最初の例とこの言い方との違いに気づくのはそれほど容易ではない。

三一一　『私は彼がきのう到着したことを知っている』——『私は2×2＝4であることを知っている』——『私は彼が痛かったのを知っている』——『私はそこに机があることを知っている』。

三一二　私はそれぞれの場合にまるで異なった事柄を知っているのだろうか？　**もちろんそうだ**——しかしそれぞれの言語ゲームは、これらの文を読んでわれわれが意識するよりもはるかに異なっている。

三一三(訳註54)　『物理的対象の世界と意識の世界』。私は**後者**について何を知っているのか？　私の感覚は私に何か教えてくれるのだろうか？　つまり、人が見たり、聞いたり、感じたり等々する場合、それはどういう状態なのかということである。——しかし私はそもそもこのことを学べるのだろうか？　言いかえれば、私がいま見たり、聞いたり等々してそれは以前もそうであったと信じているとき、このことがどういう状態かということを私は学べるのだろうか？

（訳註54）「語の意味に関する素朴な見解は、語を聞いたり読んだりする時に人は語の意味を「表象する」、というものである。そして、語を意味する、ということに対する問と同じ問が、この表象するということに対しても、事実またあてはまるのである。というのも、例えば人が空色を表象し、そして当の色の再認やその色を求めることがこの表象に基づいている、というのであれば、色の表象と現実に見られる色とは同一ではない、と言わざるをえなくなるであろうから。そうすると比較はいかになされうるのであろうか」。『哲学的考察』奥雅博訳、『全集』2、一二節（PB, 12.)。

三一四　意識の「世界」とはいったい何なのか？　ここで私は『私の精神に生じているもの、いま私の精神に生じているもの、私が見ているもの、聞いているもの……』と言いたくなる。われわれはこの文を単純にして『いま私が見ているもの』と言うことはできないのか。——

三一五　われわれは物理的対象をどのようにして比較しているのか？　あるいは体験はどのようにして比較するのか？　ということが問題なのは明らかだ。

三一六　「意識の世界」とはいったい何なのか？　——私の意識のうちにあるもの、私がいま見ているもの、聞いているもの、感じているもの……である。——それではたとえば、いま私は何を見ているのだろうか？　それに対する答えは、大仰な身振りをまじえて『まあ、**これらすべてだな**』と言ったりすることではありえない。

三一七（訳註55）　神を信じている人が身の周りを見て、『私が見ているものはすべてどこからきたのか？』『これらすべてはどこからきたのか？』と問うとき、彼は（因果的）説明を要求しているのでは**ない**。彼の問いの眼目は、このような要求を表現するという点にある。したがって彼はすべての説明に対する一つの態度表明をしているのだ。——しかしそうした態度は彼の生活のなかでどういうかたちで明らかになるのだろうか？　それはある特定の事柄を真面目に受けとるが、しかしさらにある一定の段階になると、それを真面目に受けとらなくなり、それ以外のものをいっそう真剣に考えるべきだと断言するような態度である。

このようにしてある人は、しかじかの人があの仕事を完成する前に亡くなってしまったことは極めて重大なことだが、別の意味ではそんなことはまったく問題にはならない、と言うかもしれない。こうした文脈で『より深い意味で』という言葉が使われるのである。

私が本当に言いたいのは、ここでも人が発する言葉やその際考えていることが問題なのではなく、そうした言葉が生活におけるさまざまな局面でつくりだす違いこそが問題なのだ、ということだ。二人の人間がどちらも自分は神を信じていると言う場合に、その人たちが同じことを考えているということを私はどのようにして知るのだろうか？　そして三位一体に関してもまったく同じことが言える。ある特定の言葉やきまり文句を使用することに固執しその他の言葉は一切使わないような神学は何も明らかにはしない（カール・バルト）(訳註56)。そうした神学は何かを語ろうとしても、表現の仕方を知らないので、いわば言葉を振りまわしているだけなのだ。実践こそが言葉にそ

学)」。『断片』菅豊彦訳、『全集』9、一四四節(Z. 144.)。
(訳註55)「ある言葉がどのように理解されるかは、言葉のみによっては語られない(神
(訳註56)カール・バルト Karl Barth(一八八六~一九六八)〈弁証法神学〉という新しい神学運動をおこした、スイスのプロテスタント神学者。ここでウィトゲンシュタインは、既成の神学に対して、言葉に着目し根柢的批判をしたバルトを肯定的にとらえていると思われる。たとえばエバハルト・ユンゲルは次のように言っている。「というのは、『そのような言い方によって神の啓示について語られ、証言がなされ、神の言葉が宣《の》べ伝えられ、教義がつくられ、かつ説き明かされるということもまた可能となる』という前提のもとで、『神学と教会、いやそもそも聖書それ自体は、たしかに、まさしくこの世の言葉以外のいかなる言葉を語るものでもない』(Die Kirchliche Dogmatik (K. D.) I/1, S. 358) からである。(中略) したがって問題になるのは、言葉は何をなし得るか、という問いである。その場合バルトがたえず前提していることは、『形式的にも内容的にも世界の被造物性に即した仕組みによって形づくられ、しかも人類の諸限界によって

条件づけられているところの言葉』、つまり『現にあるがままの、したがって罪深く倒錯した人間が、それによって人間が出会い、眺め、かつ理解することが可能となる世界と取り組むところの言葉』(K. D. I/1 S. 358)が問題だということである」(『神の存在――バルト神学研究』エバハルト・ユンゲル、大木英夫、佐藤司郎訳、ヨルダン社、一九八四年、四五〜六頁)。またこの節がモンクの『ウィトゲンシュタイン』にも引用されている。『ウィトゲンシュタイン2』岡田雅勝訳、みすず書房、一九九四年、六二九頁(*Ludwig Wittgenstein, The Duty of Genius*, Ray Monk, The Free Press, A Division of Macmillan, Inc., New York, p. 573.)参照。

(訳註57)『反哲学的断章』丘沢静也訳、青土社、二二四〜五頁(VB, SS. 570-1.)と同一。

三一八　私はこの斑点を観察している。『いまこの斑点は**そのように**なっている』――そのとき私はたとえば一枚の絵を指さす。私はつねに同じものを**観察しているの**かもしれない、だがその際、私が**見ている**ものは同じであり続けているかもしれないが、変化している可能性もある。私が観察しているものと私が見ているものは、おなじ種類の同一性をもってはいない。というのもたとえば『この斑点』という言葉から は、私が考えているのとおなじ種類の同一性を意味しているかどうかはわからないからだ。

三一九　『心理学は色盲の現象も記述するし、正常な視覚の現象も記述する』。「色盲の現象」とは何だろうか？　もちろんそれは、色盲の人がその点で正常な視覚の持ち主から区別される、色盲の人のさまざまな反応だ。しかし、色盲の人のすべての反応がそうだというのではない、たとえば彼が盲人から区別されるような反応はさすがに入らない。――私は盲人に、見えるということがどういうことかを教えることができるだろうか、あるいは正常な視覚の持ち主に同じことを教えることができるだろうか？　こんなことを言っても仕方がない。それでは見ることの記述とは何を意味するのだろうか？　しかし私は人に『盲目』や『見ている』といった言葉の意味を教えることができ、しかもそれを正常な視覚の持ち主も盲人も学ぶのである。人が見ているとき、それはどのようなことなのかをそもそも盲人は知っているのだろうか？　だが正常な視覚の持ち主だって知っているのだろうか!?　彼は意識をもつことがどのようなことなのかも知っているのか？

しかし心理学者は、正常な視覚の持ち主の振舞いと盲人の振舞いとの違いを、観察できるのではないだろうか？（気象学者は雨と日照りの違いを観察できるのではないのか？）たとえば、髭を切られてしまったねずみの振舞いと、髭が切られていないねずみの振舞いとの違いは観察できるだろう。そしてこれを場合によっては、ねずみの触覚器官がもつ役割の記述と呼ぶことができるかもしれない。――盲人の生活は正常な視覚の持ち主の生活とは異なっている。

三二〇　正常な人は、たとえば口述どおり書きとることを習得できる。これはどういうことだろうか？　つまり、ある人が喋り、それを別の人が書きとる。したがってその人がたとえばaという音を発すると、もう一人の方が『a』という記号を書く、といったことである。――ところでこの説明を**理解する**人は、もしかすると別の名前だったかもしれないが、このゲームをすでに知っていたか、それともこのゲームをその記述によって学んでいたかのどちらか以外考えられないのではないか？　しかしカール大帝はたしかに書き方の原理は理解していたが、それにもかかわらず書くことは学べなかった。(訳註58) そう考えると技術を習得できない人でも、技術の記述は理解できることになる。すると習得できないケースは次の二つに限られる。われわれがたんに能力を獲得していない場合と、われわれに理解が欠けている場合の二つである。つまり、われわれが誰かに一つのゲームを説明する機会にめぐまれたとき、その人はこの説明を理解はするが、しかしこのゲームを習得はできない場合と、このゲームの説明をそもそも理解できないという二つの場合があるかもしれない。だがそれとは逆のことも考えられる。

(訳註58)『反哲学的断章』丘沢静也訳、青土社、一九七頁 (VB, S. 556.) でウィトゲンシュタインは次のように言っている。「カール大帝は、年をとってから、書き方を学ぼうとしたが、できなかった。誰かが考え方を学ぼうとしても、カール大帝と同様に、できないだろう。かれの考え方は、よどみなく流れるようにはけっしてならない」。またアインハルトはカール大帝について次のように述べている。「教養学科は熱心に学び、それらの師を深く尊敬し大きな名誉を与えた。文法を学ぶときは、すでに老体であったピサの助祭ペトルスの講義を聞いた。(中略) 書くことにも努めた。暇なときに

は、文字をかたどるため手をならそうとして、書板や羊皮紙を寝床に持ち込み、枕許にひろげるのが常であった。けれども晩年になって始めたため、この時期おくれの努力は、ほとんど成功しなかった」（エインハルドゥス、ノトケルス『カルロス大帝伝』國原吉之助訳、一九八八年、筑摩書房、三五～六頁）。

三三一 『君はその木を見ているが、盲人はそれを見ていない』。これが、私が正常な視覚の持ち主に言わねばならないことだろう。そうなると盲人には『君は木を見ていないが、われわれはそれを見ている』と言わなければならないのだろうか？ 盲人が自分は見ていると信じていたり、あるいは私が自分は見ることができないと信じていたら、どうだろうか？

三三二 私がその木を見ているというのは一つの現象なのだろうか？ 私がこれを木として正しく識別することと、私が盲目ではないことは同一のことである。

三三三 視覚的印象を表した『私は一本の木を見ている』という言葉は一つの現象を

記述したものだろうか？　それはどのような現象なのか？　私は他の人にこのことをどのように説明できるだろうか？

私がこの視覚印象をもっているというのは、やはり他人にとっては一つの現象ではないのか？　というのも私がこの視覚印象をもっていることを観察しているのは、彼であって私ではないからだ。

『私は一本の木を見ている』という言葉は一つの現象の記述ではない。（私はたとえば『私は木を見ている！　それは何と奇妙なことか！』と言ったりはしないが、しかし『そこには木など一本もないにもかかわらず、私は木を見ている。これは何と奇妙なことか！』と言うことはあるかもしれない。）
三二四　あるいは私は『印象は現象ではないが、L・W・〔ルートウィヒ・ウィトゲンシュタイン〕がこの印象をもっているというのは一つの現象である』と言うべきだろうか？
三二五　（ある人が印象を、いわば夢を語るときのように、一人称の代名詞を使わず独り言で語る、ということを人は思い浮かべることができよう。）

三二六　観察するというのは見つめることやじっと見ることと同じではない。『この色を観察し、そこから思い出したことを言え』。色が変わると、君はもはや私が言っていた色を見つめてはいない。

人は、観察しなければ見えないものを見てとるために観察するのだ。

三二七　人はたとえば『この色をしばらくの間、見つめてみよ』と言う。だからといって、人は一瞥して見えた以上のものを**見る**ためにそうするわけではない。

三二八　『心理学』というタイトルの本には『**見ている**人々が存在する』という文が載ることがありうるだろうか？

では、載るとすればそれは誤りになるのだろうか？　――しかし、この文で何かが伝えられるとすれば、それは誰に対してだろうか？（私はたんに、伝えられるのはとっくに知られていることだ、ということを言いたいのではない。）

三二九　私が見ているということは私には周知のことなのか？

三三〇　人は、見ている人々が存在しないなら、見るという概念も存在しないと言いたくなるかもしれない。――しかし火星人が同じようなことを言うとは考えられないだろうか？　たとえば、彼らがはじめて知り合った地球人がたまたま全員盲人だった場合。

三三一　盲目の人々が存在する、と言っても無意味ではないのに、『見ている人々が存在する』と言うと無意味な場合もあるのはどうしてか？
しかし『見ている人々が存在する』という文の意味は、つまりこの文の使いみちを考えてみると、どうしてもすぐには思い浮かばない。

三三二　見ることの方が例外だということはありえないだろうか？　しかししかじかのことをする能力として記述するのでない限り、盲人も正常な視覚の持ち主も見ることを記述することはできないだろう。たとえばある種の言語ゲームをおこなうことも同じである。だがこの場合であれば、人はこれらの言語ゲームをどのように記述するかに注目するにちがいない。

三三三 人が『見ている人々が存在する』と言うと、それに対して『「見ている」と は何か?』という問いがでてくる。人はこの問いにどのように答えるべきだろうか? 質問している人に『見る』という言葉の使い方を教えこむことによってだろうか?

三三四 『君や僕と同じように振舞うが、ここにいるこの盲人のようには振舞わない 人々が存在する』という説明についてはどうだろうか?

三三五 『君は目をあけていれば、車に轢かれることなく道を横断できる、等々』。 〔これは〕伝達の論理学〔である〕。

三三六 伝達の形式をもった一つの文がある使われ方をすると言っても、この文がどのように使われるかについては、まだなにも語られていない。

三三七　心理学者は見るとは何かということを私に伝達できるのだろうか？　何が『見るとは何かを伝達する』と呼ばれているのか？

私に『見る』という言葉の使い方を教えるのは、心理学者ではない。

三三八　心理学者が『見ている人々が存在する』とわれわれに伝えたら、われわれは彼に『それでは君はどんな人を見ている人々と呼んでいるのか？』と問うことができる。それに対する答は『しかじかの状況のもとでしかじかの反応をし、しかじかに振舞う人々』といった類のものになるだろう。『見る』という語は心理学者がわれわれに説明してくれる彼らの専門用語ということになるだろう。そうなると、見るというのは、心理学者が人間観察の結果突きとめたものになる。

三三九　われわれは、正常な視覚と盲目の区別を学ぶ前に、『私は…を見ている』『彼は…を見ている』等々といった表現の使い方を学ぶのである。

三四〇　『話すことができる人々が存在する』、『私はある文を言うことができる』、『私は「文」という語を発音することができる』、『見ての通り、私は目覚めている』、『私はここにいる』。

三四一　どんな状況であればある種の文が伝達文になりうるのか、ということについて教えることもやはりある。私はこのような教示を何と呼ぶべきだろうか？

三四二　私や他の人が目をあけていれば躓《つまず》かずに歩くことができ、目を閉じるとそうはいかないということを私は観察したのだと、人は言うことができるだろうか？

三四三　私が誰かに、私は盲目ではないと伝えるならば、これは観察〔によるもの〕だろうか？　いずれにせよ私はその人に、自分が盲目ではないことを私の振舞いによって納得させることができる。

三四四　盲人は容易に、私も盲目かどうかを見破れるだろう。たとえば彼が手を適当に動かし、いま何をしたのかと私に問うといったやり方で。

三四五[(訳註59)] われわれは盲人だけの部族を思い浮かべることはできないだろうか？　その部族の人たちは特殊な条件でも生活できる能力をもっていると考えられないだろうか？　そこでは目が見える人の方が例外になるという可能性はないだろうか？

（訳註59）「耳の聞こえない人たちだけから成り立っている社会とはどのようなものであろうか。〈精神薄弱者〉の社会とはどのようなものであろうか。これは重要な問である！　では、われわれが通常行っている言語ゲームのほとんどを行っていない社会とは、どのようなものであろうか」。『断片』菅豊彦訳、『全集』9、三七一節（Z, 371.）。

三四六　一人の盲人が私に『君はどこにも躓かずに歩けるが私にはそれはできない』と言うと仮定すると、——この文の最初の部分は伝達なのだろうか？

三四七 要するに、彼は私になんら新しいことを語ってはいない。

三四八（訳註60） 経験命題の特徴をそなえつつ、しかしその真理は私にとって議論の余地のないような一群の命題が存在しているように思われる。つまり、私がそれらの命題を偽であると仮定すると、自分の判断がことごとく疑わしくならざるをえないのである。

（訳註60） ここでウィトゲンシュタインは『確実性の問題』Über Gewißheit（『全集』9所収）と同一の主題を論じている。「ある種の経験命題が**真であること**が、われわれが依拠する枠組みの一部をなしている」。『確実性の問題』黒田亘訳、『全集』9、八三節（UG, 83.）。「ある種の命題に関しては、その表明に対して疑いを挟む余地がまったくない。**われわれの探究の全体**がそういう仕組になっている、と言えないだろうか。それらの命題は、探究が進められる道筋からはずれたところにあるのだ」。同書、八八節（UG, 88.）。「大地が百年前に存在していたかどうかと、誰かが疑おうとする。私にはこの疑いは理解できない。**なぜなら**この人が何を証拠と認め、あるいは認めないのか、私には分か

らないからだ」。同書、二三一節（UG, 231.）。

「われわれは地球が丸いことを知っている。それは丸いと、絶対に確信している。われわれの自然観の全体が一変しないかぎり、われわれはこの見解に留まるであろう。「君はそのことをどうして知っているのか」――そう信じるのだ」。同書、二九一節（UG, 291.）。

三四九　いずれにせよ、私が日常的なものとして受け入れている誤りと、それとは異なる性質をもち、それ以外の私の判断から遠ざけて一時的な混乱とみなして隔離しなければならないような誤りが存在している。しかしこれら二つの誤りは互いに移行しあうこともあるのではないだろうか？

三五〇　知るという概念をわれわれがこのように探究してみても、それは何の役にもたちはしない。というのも、知るというのはその固有の性質によってとにかくいろいろなことが説明されるような、一つの心理状態ではないからだ。より正確に言えば、「知る」という概念に特有の論理学は、心理状態の論理学ではないのである。

第Ⅰ部と第Ⅲ部の対照表（ダッシュ以下の数字は何番目の段落かを示す）

第Ⅰ部	第Ⅲ部 ほぼ同一の節	第Ⅲ部 ほぼ同内容の節	第Ⅲ部 関連した節
一	一三一		
二	一三二―2		
三	三五		
四	三六―1		
五	一六〇		
六	一五八―1		
七	一五八―2		
八			三四
九			一五四
一〇の前半		一六二	
一一	一六三		
一二			一六四
一三			二八五・三四五
一四		四二―1	
一五―1	四四		
一五―2	四五	六三	
一六の前半	五五の前半		
一六の後半		一六五―1	

第Ⅰ部	第Ⅲ部 ほぼ同一の節	第Ⅲ部 ほぼ同内容の節	第Ⅲ部 関連した節
一七―1		七六	七六・一五一
一八			
一九―1		一五三	
一九―2	一五〇		
一九―3	一七二		
二〇		一七三―1	
二一	九四のほとんど		
二二	一八八		
二三	一八七		
二四―1の前半		一八一	
二四―2		一八二	
二五の前半		一八四―1	
二五の後半			一八四―2
二六			一八五
二七			
二八			
二九			一九一
三〇	一九二		
三一			
三二		一九	
三三			二四一―1
三四		二一六	
三五			

第Ⅰ部	第Ⅲ部 ほぼ同一の節	第Ⅲ部 ほぼ同内容の節	第Ⅲ部 関連した節
三六	二三四―1		
三七	二三六		
三八	二三五		
三九	二三一		
四〇	二三二		
四一		二三三の前半	
四二	二二七		
四三	二三六のほとんど		
四四のほとんど	二三七		
四五			二四二
四六			一四六
四七		二四三	
四八			
四九―1		二四五の前半	
四九―2	二四五の後半		
五〇（括弧以外）	二四六		
五一		二三九	二三〇
五二			二一〇
五三	二四八		
五四	二四一―1		
五五			
五六		二五一	
五七―1		二六一	

第I部	第III部 ほぼ同一の節	第III部 ほぼ同内容の節	第III部 関連した節
五八		二六三	
五九		二六五	
六〇	二六六・二六七		五三
六一	二六八		
六二	二六四		
六三	一一七		
六四		二七四	
六五	二七五		
六六	一五四		
六七		一五七	
六八	一〇二・一〇三		
六九	一〇九		
七〇	一二五―1		
七一	一二五―2		
七二			一二六
七三の前半	九〇		
七三の後半			八九
七四	九一		
七五―1	一一八		
七五―2		一一九	
七六			
七七	一二〇―1・一二〇―3		
七八		一二九―1	一六三

第Ⅰ部	第Ⅲ部 ほぼ同一の節	第Ⅲ部 ほぼ同内容の節	第Ⅲ部 関連した節
七九	一六八		
八〇			
八一			
八二			
八三			
八四		二八三の前半	
八五			
八六		三三八（括弧以外）	
八七―1	三三一―1		
八八	三三八のほとんど		

解説　『色彩について』——ウィトゲンシュタインの現象学？

村田純一

一九五〇年の初頭、晩年のウィトゲンシュタインはウィーンの家族のもとで過ごしていた。前年末に前立腺癌の告知を受け、寿命の長くないことをはっきり自覚していたころである。当時ウィトゲンシュタインは、癌の治療薬による副作用のせいもあってか、仕事ができないことに悩んでいたが、ゲーテの『色彩論』を読み始めたところ、大きな刺激を受け、二〇からなる短い覚書を書き残した。それが本書の第Ⅱ部に収録されている断片である。その後ウィトゲンシュタインは、三月にウィーンを去り、ロンドンへ向かい、四月にはケンブリッジのフォン・ウリクトの家に移ることになる。イギリスへ戻ってからもウィトゲンシュタインは色彩についての考察を継続し、本書の第Ⅲ部を構成するまとまった量の断片を書きためた。その後にウィトゲンシュタインはオックスフォードのアンスコムの家に移り、また、癌が小康状態になったこともあり、ノルウェーへの旅行などを行うが、年末から翌年の初頭にかけてふたたび健康状態が悪化し、ケンブリッジの医者ベヴァン家で最後の時を過ごすことになる。そしてこの間ウィトゲンシュタインは死（一九五一年四月二十九日）の直前まで、後に『確実性の問題』という題で出版されることになる草稿群を書き続け、またそれと平行して、それまでの色彩論の断片を整理し、本書第I部となる草稿を書いた（この間の事情に関しては、レイ・モンク『ウィトゲンシュタイン』2［岡田雅勝訳、みすず書房、一九九四年］に詳しい）。

以上のように、本書に収録されている草稿は、編者の前書きにもあるように、ウィトゲンシュタインが最晩年の二年間に書きためた草稿をもとにアンスコムが編集してなったものである。

それでは、死を前にしたウィトゲンシュタインはこれらの草稿で何を問題にしたのであろうか。また、最晩年に取り組まれた問題はウィトゲンシュタインの哲学のなかでどのような位置を占めているのだろうか。こうした点を以下では概観しておきたい。

一

草稿のなかでは色に関する多様な問題がさまざまな角度から取り上げられている。赤と緑、青と黄色などの反対色の特有性。これらの原色が色の体系のなかで占める位置。白、灰色、黒などの無彩色の特徴。白と透明性。純色と彩度ないし飽和度の関係。茶色の特徴。色の恒常性。表面色、面色など色の示すモードの違い。色盲と正常な視覚の関係などなど実に多岐にわたる色彩現象に関する考察が見られる。ウィトゲンシュタインがこのような仕方で広範囲に及ぶ色彩現象をできるだけ詳しく取り上げるのも、この草稿の分析を通してもっとも強調したかったことがまさに、「色概念の論理は、見かけ以上にとにかくかなり複雑なのだ」(Ⅲ-一〇六)という点にあったからである。実際ウィトゲンシュタインの執拗な分析によって、赤、青、黄、緑、白など見慣れた色についてのわれわれの理解が、見かけほど確固としたものではないことに気づかされることになる。しかし、色の論理が見かけ以上に複雑だということを確認することが、なぜそれほど重要なことだったのだろうか。この点を理解するためにも、まずウィトゲンシュタインが複雑な色彩現象のなかに見いだした色の「論理」の特徴を見ておく必要がある。ウィトゲンシュタインは色の「論理」が形成する体系を「色の数学」「色の幾何学」と呼び、それに属する主な命題として次のようなものをあげている。

（i）何かが透明な緑やそのほかの色であることはありうるが、透明な白ということはありえない。（I-一九）
（ii）白はもっとも明るい色である。（III-一、二、三）
（iii）灰色は輝くことはありえない。（I-三六）
（iv）純粋な茶色、ないし茶色の光は存在しえない。（III-六〇、六五、二一五）
（v）黒っぽい黄色は存在しない。（III-一〇六）
（vi）青っぽい緑は存在しうるが、赤っぽい緑は存在しえない。（I-九〜一四）

以上は、J・ウエストファールが本書から取り出したもので、ウエストファールはこれらの命題を「パズル命題」と呼んでいる（Jonathan Westphal, *Colour: A Philosophical Introduction*, Basil Blackwell, 1991, p. 1.）。これらの命題がパズルを示すといわれるのは、なによりも、これらが色についての大変印象的な「事実」、しかも指摘されてはじめて気づくような驚くべき「事実」を示しているように思われるからである。そして第二に、われわれはそうした事実を前にすると、それが色についてのどのような関係を示しているのか、また、なぜそのような関係が成り立つのかという問いを問わずにはいられないように思われるからである。実際これまでの色彩科学は、これらの問いにさまざまな仕方で答えようとしてきた。この点で、これらの命題は、色についての理論を考えるうえでの導き手と見なすことができる。

しかしながらこれらの命題は同時に、それら自身の認識論的・存在論的身分に関する問いを誘発せずにはおかないように思われる。というのも、これらの命題によると、取り上げられたそれぞれの色は、そのほかの色との間で、また輝度や透明性といった性質に関して単なる偶然的、外的ではない、必然的、内的な関係を示すように思われるからである。カント以来の術語を使うと、これらの命題は色彩概念についての「総合的アプリオリ」を示しているのではないかという疑念を抱かせるからである。そしてまさにこの問題こそが、ウィトゲンシュタインが本書のなかで格闘しているものなのである。

例えば、(i)の「透明な白は存在しえない」という命題について、ウィトゲンシュタインはさまざまな観点からその命題の性格を規定しようと試みている。もちろん透明な白が存在しえないと考える直接的な理由は、われわれが、例えば白い透明なガラスや白い透明な水を見たことがないだけではなく、そのようなものを想像しようとしてもできないという点にある（I－二三、二七）。しかし、ウィトゲンシュタインは同時にその不可能性を「説明」しようともしている。第一に、色のついた透明な媒質の背後にある白い色は、媒質の色を帯びて見え、また黒い色はそのような媒質の背後にあっても黒い色のままで見える。したがって、もし透明な白というものがあるとすると、そのような媒質を通して見られた白色は白色に、黒色は黒色に見られることになり、色の現れ方には変化を与えないことになる。それゆえ、その媒質は色のない媒質ということになってしまうであろう（I－二〇）。第二に、色のついた媒質は、それを通して見えるものを暗くする。すると、もし透明な白い媒質があり、その媒質がかなり厚いものであるとすると、その媒質自身も暗いという性質を示すことになる。しかし、白の特質はまさに暗さを取り払う点にあったはずである（I－三〇、III－一九二、I－五二）。

以上のようなさまざまな思考実験を通して、ウィトゲンシュタインは、透明な白の不可能性を示そうとしている。この営みは、白色と透明性を主題とした典型的な意味での概念分析であり、またウィトゲンシュタイン自身それを「色の概念の論理学」と呼んでいる。しかし、それが徹頭徹尾、色の現れ方、見え方に即した分析であるという点で、そして、それらを通して色の「本質」が探り出されようとしている点で、「現象学的」分析と呼ぶにふさわしいもののようにも思われる。実際ウィトゲンシュタインも「たしかに現象学は存在しない、しかし現象学があつかっている問題は存在する」（I-五三）ことを認めている。この点で本書は、無条件に現象学の書であるとはいえなくとも、そして当時ウィトゲンシュタイン自身は自ら行っていることを現象学と呼ぶことを好まなかったとしても（H. Spiegelberg, “The Puzzle of Ludwig Wittgenstein's Phänomenologie”, in: *Ludwig Wittgenstein: Critical Assessments*, Volume One, ed. by S. Shanker, Croom Helm, 1986, p. 233)、少なくとも現象学的問題にウィトゲンシュタインが真正面から取り組んだ草稿からなる著書であるということはできるであろう。

二

しかしながら同時にウィトゲンシュタインの考察が、フッサールの影響を受けた狭義の現象学派のもの（典型例は、W・シャップやD・カッツらの色彩論）と著しく異なった特質を示していることも強調しておかなければならない。たしかに、先に見たような思考実験を通して、一方では色現象の内的、本質的関係が確認されるが、他方では、それと同時に、それらの関係が必ずしも強い意味でのアプリオリ性（必然性と普遍性）をもつものではないことも確認される。まず第一に、色現象の内的、本質的関係が取り出される場合、その存在性格の不確かさも同時にさまざまな仕方で取り上げられる。とくに問題にされるのが、色概念の多義性、不確定性である。われわれは、赤色、白色、金色などの言葉に対応する対象を直接識別できることから、それらの言葉を十分理解していると思っている。しかしながらそれぞれの言葉は類似しながらも異なった同一性の規準をもっており、そのため、われわれは色概念の同一性に見通しのよい理解をもっているわけではない（Ⅲ-二五一、Ⅰ-六八）。したがって、「透明な白」や「黒色の鏡」などといわれても、その可能性に関して多くの場合はっきりした判断を示すことが困難に思われる。例えばもし透明な白を見ているという人がいた場合、われわれにとってはそれは「南西から吹いてくる北風」や「正二角形」のように理解不可能かもしれないが（Ⅰ-二一、Ⅲ-一三八）、しかし、その人はまったく無意味なことをいっているのではなく、ひょっとしたら、われわれとはまったく別種の色の概念体系をもっているかもしれないことを簡単に否定できるわけではない。同様に、われわれにとっては、赤っぽい緑や黄色っぽい青は存在しえないであろうが、しかし、それらの色に関して、ちょうどわれわれが黄色っぽい赤（オレンジ）や黄色っぽい緑（黄緑）を容易に想像できるように、想像可能な人がいた場合に、その人が別種の色の論理をもっていることを否定しうる根拠があるわけではない（Ⅰ-一一、七八、Ⅲ-一二九、一六三）。そもそも、赤緑色盲である人にとって、赤っぽい緑の不可能性といわれても理解しえないかもしれないし、また、目が見えない人にとっては色の論理そのものが疎遠なものに過ぎなかったり、あるいはわれわれとはまったく違った仕方で理解されるものかもしれない（「全員が色盲の人からなる部族は何の問題もなく十全に暮らしていくことができよう。だが彼らはわれわれがもっている色の名前をすべてもつにいたるだろうか？」Ⅲ-一二八）。このような意味で、ここで問題にされる色概念の同一性は、限定的、偶然的性格を免れるものではない。

しかし、それでは以上のような事情にもかかわらず、先にあげたような色に関する命題を心理学や自然誌に属するものと区別して、「色の数学」とか「色の論理学」を形成するもの、といいたくなるようにわれわれに強いるのは何なのであろうか。その答えが、「言語ゲーム」である（Ⅲ-一一〇、一一一、一一五）。例えば、透明な白の存在を主張するような人が理解不可能なのは、キングなしでチェスをする人が理解不可能なのと類似的である。ただし色をめぐる言語ゲームは、それだけで閉じられたゲームではなく、われわれの生活のあり方に埋め込まれたゲームであり、したがって、色の論理に意味と必然性を与えているのは、このわれわれの「生活形式」であり、またわれわれの行う「実践」なのである（Ⅲ-二九六、三〇三、三一七）。ウィトゲンシュタインは次のようにも述べている。「われわれがもっている概念のうちに、われわれの生活が反映していると言うのは正しいだろうか？　われわれの概念はわれわれの生活のただなかにある」（Ⅲ-三〇二）。

したがって、先の「パズル」命題が驚くべき「事実」を表すものであるとすると、それは色現象に関する「事実」であると同時に、色をめぐってなされている生活のあり方、実践のあり方の「事実」ということになる。もしウィトゲンシュタインの「現象学」がいえるとするなら、それは色の現れ方に関する現象学であると同時に、色をめぐる言語ゲームと生活形式の「現象学」ということになるだろう。

三

ウィトゲンシュタインの哲学全体の流れを振り返ってみた場合、色彩をめぐる考察は必ずしも大きな位置を占めているようには見えない。数ある二次文献を覗いても、索引のなかに色という項目を見いだせないものが大半をなしている。にもかかわらず、前期から後期へと移行してきたウィトゲンシュタインの哲学の歩みのなかで色をめぐる考察は、全体の見取り図のなかに必ずしもはっきりとした位置を占めえないにもかかわらず、というより、はっきりとした位置付けが困難であるという点で逆に重要な役割を担ってきたといえる面があるように思われる。

『論理哲学論考』(一九一八年)のなかには色彩概念と関係する次のような箇所が見られる。

「四・一二三　性質は、対象が当の性質を有しないということが思考不可能なとき、内的である。(この青色とあの青色とは、当然より明るい、より暗いという内的な関係にある。これらの二つの対象がこの関係にない、とは思考不可能である)」。

「六・三七五一　例えば二つの色が同時に視野のなかのひとつの場所にあることは不可能、

しかも論理的に不可能である。このことは色の論理構造によって排除されているからである」。

前者では、色と明るさが不可分な内的関係にあることが主張されており、類似したことが『色彩について』の最初の断片でも述べられている。『論考』の中心概念である内的／外的の区別の典型例に色彩概念が用いられていることが注目される。また後者は、「色の両立不可能性」という表題のもとでその後、シュリックをはじめ多くの哲学者たちによって、主に「総合的アプリオリ」の可能性との関連で問題にされることになる。いずれにせよ、これらの箇所では、「この青色がある明るさをもつ」という命題と「あの青色がある明るさをもつ」という命題、また「これは赤である」という命題と「(おなじ) これは緑である」という命題の間には、内的、論理的関係のあることが強調されている。したがって、これらの命題はそれぞれ独立に真理値をもつわけではない。ところが、『論考』の論理的原子論の立場によると、命題の論理形式の究極の単位を占めるのはそれぞれ独立に真理値をもつ要素命題とされている。したがって、上のような命題はどれも要素命題とは見なしえないということになるが、ウィトゲンシュタインはここで問題になっているような命題がどのようにして要素命題に分解しうるのか、そしてその要素命題のどのような関係によって内的、論理的な関係が形成されるのかについて必ずしも明確なことは述べていない。六・三七五一の箇所では、色の両立不可能性を同一粒子が異なった速度をもつことの不可能性に還元する可能性が示唆されているが、たとえこのような還元が可能であったとしても、今度は速度の両立不可能性について問題が繰り返されるのみであろう。そして、まさにこの点を自己批判することからウィトゲンシュタインの『論考』以降の哲学が出発するのである。

ウィトゲンシュタインは『論考』執筆後中断していた哲学の活動を再開しはじめた直後「論理的形式」（一九二九年）という論文を執筆する。そのなかでウィトゲンシュタインは、明るさのような程度を表す命題を要素命題に分解することが不可能であり、それゆえ『論考』の論理的な原子論が誤りであったことを指摘し、（要素）命題は独立ではなく、ひとつの論理的体系を形成することを示した。そして、この論理的体系のモデルとしてもち出されたのが色の体系であり、それぞれの色は相互に内的な関係を形成する「色の空間」のなかに位置を占めるといわれることになる。例えば、『哲学的考察』（一九三〇年）には次のような箇所が見いだされる。

「例えば色空間は原色が頂点に位置する八面体によっておおよそのところ描写される。そしてこの描写は文法的であり、心理学的ではない。……八面体による描出は文法規則の見通しのよい〔展望を与える〕表現なのである」（一節）、「色八面体は文法である。というのも、赤みがかった青について語ることはできるが、赤みがかった緑について語ることはできない、等々といったことを語るのであるから」（三九節、八六節）。

以上からも、いわゆる中期ウィトゲンシュタイン哲学で中心的役割を演じる「文法」という概念にとって、色彩現象は重要な意義をもっていたことがうかがえる。そして、この時期にウィトゲンシュタインはフッサールの現象学、とりわけ本質現象学と呼ばれるような立場に最も接近したことが、次のような表現から見て取れる。「単純な色、しかも心理学的現象として単純な色が存在すると思われる。私が必要とするのは心理学的な、あるいはむしろ現象学的な色彩論であり、物理学的な色彩論ではなく、また同じく生理学的な色彩論でもないのである。しかもそれは、現実に知覚可能なことについてだけ話を行い、波、細胞、といった仮説的な諸対象は登場しないような、純粋に現象学的な色彩論でなければならない」（二一八節）。

そしてまさしくここで述べられた「単純な色」、そしてそれに基づく「色の文法」や「本質」についての見方が、『色彩について』のなかで徹底的に批判的に洗い直され、解釈され直しているのである。例えば、風景を描いたカンヴァスの一部の色を取り上げて、それは何色かと問うた場合、描かれた風景の色なのか、カンヴァスの色配置のなかの色なのか、あるいは絵の具の色なのか、必ずしも一義的に規定できない。この点に基づいて、ウイトゲンシュタインは次のように述べている。「このことで私が本当に示したいのは、どれが単純な色の概念かということは、決してア・プリオリには明らかでないということだ」（Ⅲ-六九）。「純粋な色の概念そのものなど存在しない」（Ⅲ-七三）。これらが主張しているのは、「純粋な現象学的色彩論」は存在しないということであり、また色の純粋な「文法」は不可能であることである。もちろん「純白」や「四つの純粋色」（ちなみにウィトゲンシュタインは四原色論者である）という言い方が日常的にもなされないわけではない。しかし、それらは日常的な理解からの極限化や単純化に基づいたものであり（Ⅲ-三五、五九、七四）、また他方、茶色のような場合には「純粋な茶色」といった言い方をすることはない（Ⅲ-六〇）。以上のように、色の論理を色八面体に還元するのではなく、多様なあり方を示す生活のなかに位置づけようとする議論の脈絡から見れば、『色彩について』のなかで得られた「色の概念の論理は見かけ以上に複雑だ」という結論がどれほど重要なものであるかが理解できるであろう。

もちろんウィトゲンシュタインは中期から後期にかけて、言語ゲームの多様性という洞察に基づいて純粋文法という考え方の解体を行ってきたのであるし、またその過程で、『断片』『哲学探求』『心理学の哲学』などでも色についての考察を展開している。しかし「色の概念の論理は見かけ以上に複雑だ」という洞察を真に説得的なものにするほど、色彩現象の多様性を縦覧したような考察を行ったのは『色彩について』が最初で最後であった。そして、こうした点から先に取り上げた「パズル」命題、すなわち「現象学的」問題を表す諸命題を振り返って見ると、改めてそれらが示す「事実」の性格が問題になってくる。というのも、まさにそれらの「事実」の性格こそ、当時ウィトゲンシュタインが『確実性の問題』に収録される草稿のなかで取り組んでいた諸命題（世界像命題）に見いだした性格に重なるものだからである。ウィトゲンシュタインは『色彩について』の最後の部分に属する節で次のように述べている。「経験命題の特徴をそなえつつ、しかしその真理は私にとって議論の余地のないような一群の命題が存在しているように思われる。つまり、私がそれらの命題を偽であると仮定すると、自分の判断がことごとく疑わしくならざるをえないのである。」（Ⅲ－三四八）

こうして見てくると、色彩をめぐる「現象学的」問題は前期から後期にいたるウィトゲンシュタイン哲学の歩みのなかで必ずしも目立った位置を占めているわけではないが、しかし、そのつどの哲学的観点を決定的なところで変化させる役割に関与していた点で、そのつどの観点に対する隠れた起爆薬の役割を果たしてきたといってもよいのではないだろうか。

＊以上の解説を書くにあたり、東北大学の野家啓一氏からは文献に関する情報を提供していただき、また大阪大学の奥雅博氏からは、論文（"Wittgenstein on his *Remarks on Colour*", in: *The British tradition in 20th century philosophy: proceedings of 17th International Wittgenstein Symposium, 14th to 21st August 1994, Kirchberg am Wechsel*, ed by Jaakko Hintikka/Klaus Puhl, Verlag Hölder-Pichler-Tempsky, 1995）からのものを含めて貴重な示唆をいただいた。記して感謝の意を表したい。

訳者あとがき

凡例にも示したとおり、本書の底本は、Ludwig Wittgenstein; *Remarks on Colour*, Basil Blackwell, 1977. である。原著成立の事情については、編者の「まえがき」を見ていただきたい。本訳書は、瀬嶋のつくった訳稿を中村がテキストと照合しつつ全面的に検討して成ったものである。訳註中のウィトゲンシュタインの他の著作からの引用は、既訳を使用させていただいた。ただし語句を適宜変更した箇所もある。訳者の方々に謝意を表したい。

色とウィトゲンシュタインの関係については、村田純一先生の委曲を尽した解説をお読みいただくことにして、ここでは本書に垣間見えるウィトゲンシュタインの哲学そのものについて少し触れておきたい。

ルートウィヒ・ウィトゲンシュタインは、一八八九年ウィーンで生まれ、同年生まれのハイデガーが大陸の哲学界に甚大な影響を及ぼしたのに対し、英米系の哲学者たちに深甚な影響を与えた。ウィトゲンシュタインの思想は、論理と世界の堅固な対応関係を説くい

わゆる前期の考えから出発し、「言語（記号）体系」を重視する中期を経て、「言語ゲー

ム」という概念に結実する後期へと展開してゆく。「論理」という基盤をとりはらい、「体

系」を捨て、最終的に言語活動そのものを記述するという方法をとるにいたったのである。

死の直前に書かれた本書は、「色彩」という限られた主題に拠りながらも、そのような後

期ウィトゲンシュタインの思想をまざまざと見せてくれるものになっている。

本書におけるウィトゲンシュタインの方法は、「論理学」である。自分でも強調してい

るように、彼は色彩を問うのに物理学的なアプローチや心理学的なアプローチはとらない。

それぞれの体系を背景にした「心理」や「物理」から出発するのではなく、われわれの

「色彩語」が日常の使用場面でもっている「論理」を明らかにしようとする。しかしこの

「論理学」は、彼の前期に見られるような日常言語を基礎づけようとする論理ではなく、

日常言語のうちに見いだされる論理を浮かびあがらせようとするものだ。それは、彼自身

の言葉によれば「概念分析」であり、「語の文法」の分析である。たとえば本書では、同

じ色を形容する「赤い」「青い」などの語と「白い」「黒い」という語、さらに「濃い」

「透明な」といった語とのちがいが執拗に追究される。ウィトゲンシュタインによれば、

これらは色を形容するという同じはたらきをもつにもかかわらず、その「文法」がちがう。

だからこそ、「白く透明な」という語の使い方が問題になる。「白い」という語の文法と

「透明な」という語の文法が齟齬をきたすとすれば、そこにこの二つの概念の境界が露呈しているというわけだ。

これらの分析が前提にするのは、知覚のレベルでわれわれに共通な「純粋な色」や「単純な色」など存在しないという事実である。かりに存在しているとしても、それは誰にもわからない。われわれ自身がそれぞれに知覚している「色そのもの」を「比較」する規準などどこにも存在しないからである。われわれは、同じ「純粋な色」を知覚しているのではなく、「純粋な色」という同じ語を使っているにすぎない。「純粋な色」という語を習得しただけなのだ。ここではまさに後期ウィトゲンシュタインの中心的主題である「私的言語」が論じられている。つぎに問題となるのが、そのようなわれわれの「言語ゲーム」とは異なる「言語ゲーム」をもつ人たちの可能性である。つまり「色盲の人」や「盲目の人」の「言語ゲーム」である。

なぜ「色盲」や「盲目」は、「正常な視覚」からの「逸脱」であり、「正常な視覚」の「欠如」であるのか。もしたんに異なった「言語ゲーム」をしているだけであれば、「逸脱」とか「欠如」という言葉は使えない。そこで「色盲の民族」という思考実験がおこなわれ、「盲人」と「正常な視覚の持ち主」との違いが考察の対象となる。そして、「言語ゲーム」とは「例外」において成立するものではないということ、だからこそ「正常な視覚の持ち主」が多数を占めるわれわれの「言語ゲーム」が、現在のような形態をとっているという結論になる。こう考えると、われわれのこの「言語ゲーム」＝「生活形式」は、それ自体は「無根拠」であるが、しかしその内部にいるわれわれにとっては「確実な」基盤の上に成り立つものだということになる。こうして最後には、同時期に執筆していた『確実性の問題』(UG)と同じ問題圏にゆきつく。

このようにみてくると本書には、「色彩」という具体的な現象をめぐって、後期ウィトゲンシュタインの思想のエッセンスが凝縮されていることになるだろう。その意味で本書は、『青色本』(BB)とならぶ、恰好のウィトゲンシュタイン入門書だと言えそうである。

本訳書が成るにあたっては、多くの方々の御助力を賜った。カール・バルトについて快く質問に応じてくださった中央大学教授の熊田陽一郎先生、ドイツ語の質問に丁寧に答えてくださった中央大学大学院研究生ハンス・ペーター・リーダーバッハ氏に感謝の意を表したい。また解説をお書きいただき、訳稿について貴重な御指摘をいただいた東京大学教授の村田純一先生に心から御礼を申し上げたい。そして訳者両名の哲学の師であり、本訳書の紹介の労をとっていただいた中央大学教授の木田元先生にも深甚な感謝の意を表したい。最後になるが、新書館編集部には、いろいろと御面倒をおかけしたにもかかわらず、励ましのお言葉をいただき、辛抱強く待っていただいた。心から御礼申し上げる。

一九九七年八月四日

中村　昇
瀬嶋貞徳

文庫版訳者あとがき

色とは何か？　今回改めて手元にある何冊かの色彩についての本を読んでみて、ウィトゲンシュタインの本書での考察が、とびぬけて奇妙なものに思えてきた。この人は、いったい何をしようとしているのか？

色彩論の話なのに、ニュートンの「スペクトル」には眼もくれず、あたかもゲーテの『色彩論』に示唆を受けたかのような口ぶりなのに、それとは随分ちがう考察を進めていく。物理学の方法論とも、心理学・生理学のやり方とも異なる手腕で、独自の戦場を切り拓く。たしかに、この人は、哲学の世界でも、唯一無二の問題と孤独に戦いつづけてきた。ここ（色彩論）でも同じように、一見すると何が問題なのか戸惑うような問を、眼前にしつこく突きだしつづける。ウィトゲンシュタインが創設した色についての考察の現場とは、どのようなところなのか？

この哲学者は、『論理哲学論考』から離れるきっかけになった問題をはじめとして、重要なところで「色」に焦点をあてる。たとえば『哲学探究』のしょっぱなの「建築家のゲーム」（第二節）でも、そうだった。第二節では四つの建築資材の名詞だけしかなかった「言語ゲーム」が、第八節で拡張されるとき、「数詞」や「そこ」「これ」と一緒に「色見本」が追加される。「色見本」？ 四つの名詞と数詞、「そこ」「これ」しかない「原初的で完全な言語」に、なぜ、いきなり「色見本」なのか？ 何度読んでも、とてつもない違和感を覚えた。四つのひじょうに具体的な名詞（知覚できるものを指す）、そして、このうえなく抽象度の高い数詞（知覚など思いもよらない）、さらに、何でもどこでも指示できる万能な語、そして、その次が「色見本」？

たしかに、どの言葉も、それぞれとても癖がある。具体以外のなにものでもない建築資材、見ることも触ることもできない〈抽象そのもの〉である数、その対象はどこにもなく、そのつど指でさし示すしかない二つの言葉。それでは、「色」は、どのような特徴をもっているのか？ すぐわかるのは、「色」が三重のあり方をしているということだろうか。

ひとつめの特徴は、クオリアだ。この「クオリア」という語は、けっして自分自身を指すことができない宿命をもった語だ。「クオリア」と言語化したとたんに、もはや〈クオリア〉ではないのだから。それぞれ個人が、どんな色を見ているのかは、誰にもわからない。本人にもわからない。他の人の感覚を覗くことはけっしてできないからだ。「色覚異常」の問題が、学問の世界にちゃんと登場したのが十八世紀の終わり頃だったというのでも、このことはわかるだろう（『色彩心理学入門――ニュートンとゲーテの流れを追って』大山正、中公新書、三四頁）。

さらに色は、誰にでも見ることができる現象であるという点だ。個々人が、どんな〈色〉を見ているのかはわからないのに、色は万人の目の前にある。誰にでも知覚できるさまざまな色で、この世界は彩られている。ようするに、誰もが「同じ色」を見ていると言ってもいいのである。

そして三つめは、その「同じ色」を保証してくれる「色名」だろう。「赤」や「緑」や「黄色」といった名詞を、われわれの言語がもっているから、安心して「同じ色」を見ていると誰もが言える。もし、「色名」がなく、そのつどその人の〈クオリア〉を、そのまま表出できるような方法をわれわれがもっていれば、「色覚異常」は、すぐに判明するだろう。言語によってわれわれは、第一歩からすっかり騙されているのだ。

このように考えれば、たしかに「色見本」も、数詞や「そこ」「これ」と同様、かなり一癖も二癖もあるものだということがわかるだろう。本書でも、「色彩」のもつこの三重のあり方に、考察が集中していく。

この三重のあり方は、ウィトゲンシュタインの「私的言語批判」や「痛み」の議論に直結している。言語と〈痛み〉との関係は、色彩語と〈色〉との関係と相似をなしていると言えるだろう。『哲学探究』では、言語と〈痛み〉の境界面に、さまざまな角度から力点が置かれたように、本書では、色彩語と〈色〉の境界面がこのうえない関心事となっている。だからこそ、最晩年に「色彩について」これだけの濃密な考察を繰りひろげたのではないか。

色彩論の文献のごく一部を読んだにすぎず、あきらかに蛇足であることはわかっているのだが、一人の思想家についてだけ言及したい。今回とても驚いたからだ。色彩についてのさまざまな観点を過不足なく紹介し、さらに、染料が色をもつというのはどういうことかについて、吉本隆明がかなり深い考察をしていたのである。染料の分子構造にまで分け入っていき、光量子の概念まで使って説明していた(「色彩論」『吉本隆明全集11』晶文社、三五五頁)。なるほど、こういうところに吉本の深みがあるのだと感服した。

『色彩について』が今回文庫になる。私にとっては、このことは、とてつもなく嬉しい。しかも「ちくま学芸文庫」。この文庫には、長いこと本当にお世話になった。例をだせば、きりがないが、いくつか挙げてみよう。

本人によるウィトゲンシュタイン入門として最適の一冊である『青色本』。これは、本当にわかりやすくいい本だ。『哲学探究』の底知れない難解さがかなり軽減され、彼の哲学のエッセンスが混じりけなしに提示されている。そしてベルクソンもあれば、フッサールもある。ハイデガーに私が真摯に向き合っていたころ、最も信頼できる翻訳は、細谷貞雄訳の『存在と時間』だった。これも「ちくま学芸文庫」だ。実に丁寧な仕事である。それに、最近ずっとつきあっている西田幾多郎の主要論文集（『近代日本思想選　西田幾多郎』）もある。さすが小林敏明さんだ、選んだ論文が際立っている。

さらに言えば、つい最近亡くなった松岡正剛の本もたくさん入っている。これはとてもありがたい。文庫で松岡さんを読めるなんて、できたばかりの工作舎に行き「遊学する土曜日」に通っていた若者（私）にとっては夢のような話だ。

しかし、それだけではない。「ちくま学芸文庫」に心底驚かされたのは、一九九八年に刊行されたルドルフ・シュタイナーの『神秘学概論』である。これは、私にとっては、驚天動地の出来事だった。ずっと密かに読みつづけていた神秘思想家の主著が、文庫となって誰の目にも触れるとは……。言葉を失う事件だった。今回、実は、シュタイナーの色彩論（『色彩の本質◎色彩の秘密』西川隆範訳、イザラ書房）も読み返した。ウィトゲンシュタインとは、ある意味で、「水と油」と言ってもいいくらい、まったく正反対の色彩論だった。

「ちくま学芸文庫」が、私にとってどれほど特別な文庫であるか、おわかりいただけただろうか。その文庫の一冊として、『色彩について』が仲間入りをするのである。ひじょうに感慨深い。

今回改めて訳文を読み、より読みやすいように日本語を整えた。ウィトゲンシュタインのドイツ語は、切れ味のよい剃刀のような文体だ。それに沿うように、なるべく贅肉を徹底して削ぎ落とした。『哲学探究』をもう何年読みつづけているだろうか。大学院の演習でも、学部の授業でも、何十年も継続してテキストにしている。毎日のように読んでいるにもかかわらず、いまだに新しい発見があり驚きがある。心底恐ろしい古典だ。

この『色彩について』も、読めばよむほど深海に無理やり引き摺りこまれる。単行本の「訳者あとがき」では、「恰好のウィトゲンシュタイン入門書」などと体《てい》のいいことを書いたが、再読してみて、「入門書」であることは間違いではないが、「ウィトゲンシュタイン哲学の深みへの強引な誘い《いざな》」といった意味での「入門書」であることを確認した。それほどやわな本ではない。何度も読み返されることをお勧めする。

筑摩書房の行本篤生さんには、とてもお世話になった。この歳になると、だいたい人間の類型のようなものを一通り経験しているはずだが、私にとっては、新しいタイプの方だった。とても嬉しい出会いだ。心から感謝したい。

二〇二四年十二月四日

訳者を代表して

中村　昇

本書は、一九九七年九月三十日に新書館より刊行された。

事物のしるし

ジョルジョ・アガンベン
岡田温司／岡本源太訳

パラダイム・しるし・哲学的考古学の鍵概念のもと、「しるし」の起源や特権的領域を探求する。私たちを西洋思想史の彼方に誘うユニークかつ重要な一冊。

アタリ文明論講義

ジャック・アタリ
林　昌　宏　訳

歴史を動かすのは先を読む力だ。混迷を深める現代文明の行く末を見通し対処するにはどうすればよいのか。「欧州の知性」が危難の時代を読み解く。

時間の歴史

ジャック・アタリ
蔵持不三也訳

日時計、ゼンマイ、クオーツ等。計時具から見えてくる人間社会の変遷とは？　J・アタリが「時間と暴力」「暦と権力」の共謀関係を大柄に描く大著。

風水

エルネスト・アイテル
中野美代子／中島健訳

中国の伝統的思惟では自然はどのように捉えられているのか。陰陽五行論・理気二元論から説き起こし、風水の世界を整理し体系づける。（三浦國雄）

コンヴィヴィアリティのための道具

イヴァン・イリイチ
渡辺京二／渡辺梨佐訳

破滅に向かう現代文明の大転換はまだ可能だ！　人間本来の自由と創造性が最大限活かされる社会をどう作るか。イリイチが遺した不朽のマニフェスト。

メディアの文明史

ハロルド・アダムズ・イニス
久　保　秀　幹　訳

粘土板から出版・ラジオまで。メディアの深奥部に潜むバイアス＝傾向性が、社会の特性を生み出す。大柄な文明史観を提示する必読古典。（水越伸）

重力と恩寵

シモーヌ・ヴェイユ
田　辺　保　訳

「重力」に似たものから、どのようにして免れればよいのか……ただ「恩寵」によって。苛烈な自己無化への意志に貫れた、独自の思索の断想集。ティボン編。

工場日記

シモーヌ・ヴェイユ
田　辺　保　訳

人間のありのままの姿を知り、愛し、そこで生きたい――女工となった哲学者が、極限の状況で自己犠牲と献身について考え抜き、克明に綴った、魂の記録。

青色本

L・ウィトゲンシュタイン
大　森　荘　蔵　訳

「語の意味とは何か」。端的な問いかけで始まるこのコンパクトな書は、初めて読むウィトゲンシュタインとして最適な一冊。（野矢茂樹）

死にいたる病　S・キルケゴール　桝田啓三郎訳
死にいたる病とは絶望であり、絶望を深く自覚し神の前に自己をすてる。実存的な思索の深まりをデンマーク語原著から訳出し、詳細な注を付す。

世界制作の方法　ネルソン・グッドマン　菅野盾樹訳
世界は「ある」のではなく、「制作」されるのだ。芸術・科学・日常経験・知覚など、幅広い分野で徹底した思索を行ったアメリカ現代哲学の重要著作。

新編 現代の君主　アントニオ・グラムシ　上村忠男編訳
労働運動を組織しイタリア共産党を指導したグラムシ。獄中で綴られたそのテキストから、いま読み直されるべき重要な29篇を選りすぐり注解する。

孤島　ジャン・グルニエ　井上究一郎訳
「島」とは孤独な人間の謂。透徹した精神のもと、話者の綴る思念と経験が啓示を放つ。カミュが本書との出会いを回想した序文を付す。（松浦寿輝）

ウィトゲンシュタインのパラドックス　ソール・A・クリプキ　黒崎宏訳
規則は行為の仕方を決定できない――このパラドックスの懐疑的解決こそ、『哲学探究』の核心である。異能の哲学者によるウィトゲンシュタイン解釈。

ハイデッガー『存在と時間』註解　マイケル・ゲルヴェン　長谷川西涯訳
難解をもって知られる『存在と時間』全八三節の思考を、初学者にも一歩一歩追体験させ、高度な内容を読者に確信させ納得させる唯一の註解書。

色彩論　ゲーテ　木村直司訳
数学的・機械論的近代自然科学と一線を画し、自然の中に「精神」を読みとろうとする特異で巨大な自然観を示した思想家・ゲーテの不朽の業績。

倫理問題101問　マーティン・コーエン　榑沼範久訳
何が正しいことなのか。医療・法律・環境問題等、私たちの周りに溢れる倫理的なジレンマから101の題材を取り上げて、ユーモアも交えて考える。

哲学101問　マーティン・コーエン　矢橋明郎訳
全てのカラスが黒いことを証明するには？　コンピュータと人間の違いは？　哲学者たちが頭を捻った101問を、譬話で考える楽しい哲学読み物。

神秘学概論　ルドルフ・シュタイナー　高橋巖訳
宇宙論、人間論、進化の法則と意識の発達史を綴り、シュタイナー思想の根幹を展開する――四大主著の一冊、渾身の訳し下し。（笠井叡）

神智学　ルドルフ・シュタイナー　高橋巖訳
神秘主義的思考を明晰な思考に立脚した精神科学へと再編し、知性と精神性の健全な融合をめざしたシュタイナーの根本思想。四大主著の一冊。

いかにして超感覚的世界の認識を獲得するか　ルドルフ・シュタイナー　高橋巖訳
すべての人間には、特定の修行を通して高次の認識を獲得できる能力が潜在している。その顕在化のための道すじを詳述する不朽の名著。

自由の哲学　ルドルフ・シュタイナー　高橋巖訳
社会の一員である個人の究極の自由はどこに見出されるのか。思考は人間に何をもたらすのか。シュタイナー全業績の礎をなしている認識論哲学。

治療教育講義　ルドルフ・シュタイナー　高橋巖訳
障害児が開示するのは、人間の異常性ではなく霊性である。人智学の理論と実践を集大成したシュタイナー晩年の最重要講義。改訂増補決定版。

人智学・心智学・霊智学　ルドルフ・シュタイナー　高橋巖訳
身体・魂・霊に対応する三つの学が、霊視霊聴を通じた存在の成就への道を語りかける。人智学協会の創設へ向け最も注目された時期の率直な声。

ジンメル・コレクション　ゲオルク・ジンメル　北川東子編訳　鈴木直訳
都会、女性、モード、貨幣をはじめ、取っ手や橋・扉にまで哲学的思索を向けた「エッセーの思想家」の姿を一望する新編・新訳のアンソロジー。

私たちはどう生きるべきか　ピーター・シンガー　山内友三郎監訳
社会の10％の人が倫理的に生きれば、政府が行う社会変革よりもずっと大きな力となる――環境・動物保護の第一人者が、現代に生きる意味を鋭く問う。

自然権と歴史　レオ・シュトラウス　塚崎智／石崎嘉彦訳
自然権の否定こそが現代の深刻なニヒリズムをもたらした。古代ギリシアから近代に至る思想史を大胆に読み直し、自然権論の復権をはかる20世紀の名著。

論語
土田健次郎訳注

至上の徳である仁を追求した孔子の言行録『論語』。原文に、新たな書き下し文と明快な現代語訳、解釈史を踏まえた注と補説を付した決定版訳注書。

声と現象
ジャック・デリダ
林好雄訳

フッサール『論理学研究』の綿密な読解を通して、「脱構築」「痕跡」「差延」「代補」「エクリチュール」など、デリダ思想の中心的〝操作子〟を生み出す。

歓待について
ジャック・デリダ
アンヌ・デュフールマンテル序論
廣瀬浩司訳

異邦人＝他者を迎え入れることはどこまで可能か？ギリシャ悲劇、クロソウスキーなどを経由し、この喫緊の問いにひそむ歓待の（不）可能性に挑む。

動物を追う、ゆえに私は（動物で）ある
ジャック・デリダ
鵜飼哲訳
マリ＝ルイーズ・マレ編

動物の諸問題を扱った伝説的な講演を編集したデリダ晩年の到達点。聖書や西洋哲学における動物観を分析し、人間の「固有性」を脱構築する。（福山知佐子）

省察
ルネ・デカルト
山田弘明訳

徹底した懐疑の積み重ねから、確実な知識を探り世界を証明づける。哲学入門者が最初に読むべき、近代哲学の源泉たる一冊。詳細な解説付新訳。

哲学原理
ルネ・デカルト
山田弘明／吉田健太郎／久保田進一／岩佐宣明訳・注解

『省察』刊行後、その知のすべてが記された本書は、デカルト形而上学の最終形態といえる。第一部の新訳と解題・詳細な解説を付す決定版。

方法序説
ルネ・デカルト
山田弘明訳

「私は考える、ゆえに私はある」。近代以降すべての哲学は、この言葉で始まった。世界中で最も読まれている哲学書の完訳。平明な徹底解説付。

社会分業論
エミール・デュルケーム
田原音和訳

人類はなぜ社会を必要としたか。社会はいかにして発展するか。近代社会学の嚆矢をなすデュルケーム畢生の大著を定評ある名訳で送る。（菊谷和宏）

公衆とその諸問題
ジョン・デューイ
阿部齊訳

大衆社会の到来とともに公共性の成立基盤は衰退した。民主主義は再建可能か？　プラグマティズムの代表的思想家がこの難問を考究する。（宇野重規）

精選 シーニュ
モーリス・メルロ＝ポンティ　廣瀬浩司編訳
メルロ＝ポンティの代表的論集『シーニュ』より重要論考のみを厳選し、新訳。精確かつ平明な訳文と懇切な注釈により、その真価が明らかとなる。

われわれの戦争責任について
カール・ヤスパース　橋本文夫訳
時の政権に抗いながらも「侵略国の国民」となってしまった人間は、いったいにどう戦争の罪と向き合えばよいのか。戦争責任論不朽の名著。（加藤典洋）

フィヒテ入門講義
ヴィルヘルム・G・ヤコプス　鈴木崇夫ほか訳
フィヒテは何を目指していたのか。その現代性とは——。フィヒテ哲学の全領域を包括的に扱い、核心部分を明快に解説した画期的講義。本邦初訳。

哲学入門
バートランド・ラッセル　髙村夏輝訳
誰にも疑えない確かな知識など、この世にあるのだろうか。近代哲学が問い続けてきた諸問題を、これ以上なく明確に説く哲学入門書の最高傑作。

論理的原子論の哲学
バートランド・ラッセル　髙村夏輝訳
世界は原子的事実で構成され論理的分析で解明しうる——急速な科学進歩の中で展開する分析哲学。現代哲学史上あまりに名高い講演録、本邦初訳。

現代哲学
バートランド・ラッセル　髙村夏輝訳
世界の究極的あり方とは？　そこで人間はどう描けるのか？　現代哲学の始祖が、哲学と最新科学の知見を総動員。統一的な世界像を提示する。本邦初訳。

存在の大いなる連鎖
アーサー・O・ラヴジョイ　内藤健二訳
西洋人が無意識裡に抱き続けてきた「存在の大いなる連鎖」という観念。その痕跡をあらゆる学問分野に探り「観念史」研究を確立した名著。（高山宏）

自発的隷従論
エティエンヌ・ド・ラ・ボエシ　山上浩嗣訳　西谷修監修
圧制は、支配される側の自発的な隷従によって永続する——支配・被支配構造の本質を喝破した古典的名著。20世紀の代表的な関連論考を併録。（西谷修）

アメリカを作った思想
ジェニファー・ラトナー＝ローゼンハーゲン　入江哲朗訳
「新世界」に投影された諸観念が合衆国を作り、社会に根づき、そして数多の運動を生んでゆく——。アメリカ思想の五〇〇年間を通観する新しい歴史。

考える力をつける哲学問題集　スティーブン・ロー　中山元 訳

宇宙はどうなっているのか？　心とは何か？　遺伝子操作は許されるのか？　多彩な問いを通し、「哲学する」技術と魅力を堪能できる対話集。

プラグマティズムの帰結　リチャード・ローティ　室井尚ほか訳

真理への到達という認識論的欲求と、その呪縛からの脱却を模索したプラグマティズムの系譜。その戦いを経て、哲学に何ができるのか？　鋭く迫る！

知性の正しい導き方　ジョン・ロック　下川潔 訳

自分の頭で考えることはなぜ難しく、どうすればその困難を克服できるのか。近代を代表する思想家が、誰にでも実践可能な道筋を具体的に伝授する。

ニーチェを知る事典　渡邊二郎／西尾幹二 編

50人以上の錚々たる執筆者による「読むニーチェ事典」。彼の思想の深淵と多面的世界を様々な角度から描き出す。巻末に読書案内（清水真木）を増補。

概念と歴史がわかる
西洋哲学小事典　生松敬三／木田元／伊東俊太郎／岩田靖夫 編

各分野を代表する大物が解説する、ホンモノかつコンパクトな哲学事典。教養を身につけたい人、議論したい人、レポート執筆時に必携の便利な一冊！

命題コレクション　社会学　作田啓一／井上俊 編

社会学の生命がかよう具体的な内容を、各分野の第一人者が簡潔かつ読んで面白い48の命題の形で提示した、定評ある社会学辞典。（近森高明）

論証のレトリック　浅野楢英

議論に説得力を持たせる術は古代ギリシアの賢人に学べ！　アリストテレスらのレトリック理論をもとに、論証の基本的な型を紹介する。（納富信留）

貨幣論　岩井克人

貨幣とは何か？　おびただしい解答があるこの命題に、『資本論』を批判的に解読することにより最終解答を与えようとするスリリングな論考。

二十一世紀の資本主義論　岩井克人

市場経済にとっての真の危機、それは「ハイパー・インフレーション」である。21世紀の資本主義のゆくえ、市民社会のありかたを問う先鋭的論考。

増補 ソクラテス　岩田靖夫

ソクラテス哲学の核心には「無知の自覚」と倫理的信念に基づく「反駁的対話」がある。その意味と構造を読み解き、西洋哲学の起源に迫る最良の入門書。

英米哲学史講義　一ノ瀬正樹

ロックやヒュームらの経験論は、いかにして功利主義、プラグマティズム、そして現代の正義論や分析哲学へと連なるのか。その歴史的展開を一望する。

規則と意味のパラドックス　飯田隆

言葉が意味をもつとはどういうことか？　言語哲学の難題に第一人者が挑み、切れ味抜群の議論で哲学的に思考することの楽しみへと誘う。

スピノザ『神学政治論』を読む　上野修

聖書の信仰と理性の自由は果たして両立できるか。スピノザはこの難問を、大いなる逆説をもって考え抜いた。『神学政治論』の謎をあざやかに読み解く。

倫理学入門　宇都宮芳明

倫理学こそ哲学の中核をなす学問だ。カント研究の大家が、古代ギリシアから始まるその歩みを三つの潮流に大別し、簡明に解説する。（三重野清顕）

知の構築とその呪縛　大森荘蔵

西欧近代の科学革命を精査することによって、二元論による世界の死物化という近代科学の陥穽を克服する方途を探る。（野家啓一）

物と心　大森荘蔵

対象と表象、物と心との二元論を拒否し、全体としての立ち現われが直にあるとの「立ち現われ一元論」を提起した、大森哲学の神髄たる名著。（青山拓央）

思考と論理　大森荘蔵

人間にとって「考える」とはどういうことか？　日本を代表する哲学者が論理学の基礎と、自分の頭で考える力を完全伝授する珠玉の入門書。（野家啓一）

他者といる技法　奥村隆

マナーや陰口等、他者といる際に用いる様々な技法。そのすばらしさと苦しみの両面を描く。「生きる道具」としての社会学への誘い。（三木那由他）

歴史・科学・現代　加藤周一

知の巨人が、丸山真男、湯川秀樹、サルトルをはじめとする各界の第一人者とともに、戦後日本の思想と文化を縦横に語り合う。（鷲巣力）

『日本文学史序説』補講　加藤周一

文学とは何か、〈日本的〉とはどういうことか、不朽の名著について、著者自らが縦横に語った講義録。大江健三郎氏らによる「もう一つの補講」を増補。

沈黙の宗教——儒教　加地伸行

日本人の死生観の深層には生命の連続を重視する儒教がある。墓や位牌、祖先祭祀などの機能と構造や歴史を読み解き、儒教の現代性を解き明かす。

中国人の論理学　加地伸行

毛沢東の著作や中国文化の中から論理学上の中国的特性を抽出し、中国人が二千数百年にわたって追求してきた哲学的主題を照らし出すユニークな論考。

基礎講座 哲学　木田元　須田朗　編著

日常の「自明と思われていること」にはどれだけ多くの謎が潜んでいるのか。哲学の世界に易しく誘い、その歴史と基本問題を大づかみにした名参考書。

あいだ　木村敏

自己と環境との出会いの原理である共通感覚「あいだ」。その構造をゲシュタルトクライス理論および西田哲学を参照しつつ論じる好著。（谷徹）

自分ということ　木村敏

自己と時間の病理をたどり、存在者自己と自己の存在それ自体の間に広がる「あいだ」を論じる木村哲学の入門書。（小林敏明）

自己・あいだ・時間　木村敏

間主観性の病態である分裂病に「時間」の要素を導入し、現象学的思索を展開する。精神病理学者である著者の代表的論考を収録。（野家啓一）

分裂病と他者　木村敏

分裂病者の「他者」問題を徹底して掘り下げた木村精神病理学の画期的論考。「あいだ＝いま」を見つめ開かれる「臨床哲学」の地平。（坂部恵）

ちくま学芸文庫

色彩《しきさい》について

二〇二五年一月十日　第一刷発行

著　者　ルートウィヒ・ウィトゲンシュタイン

訳　者　中村昇（なかむら・のぼる）
　　　　瀬嶋貞徳（せじま・さだのり）

発行者　増田健史

発行所　株式会社　筑摩書房
　　　　東京都台東区蔵前二―五―三　〒一一一―八七五五
　　　　電話番号　〇三―五六八七―二六〇一（代表）

装幀者　安野光雅
印刷所　信毎書籍印刷株式会社
製本所　株式会社積信堂

ISBN978-4-480-51284-0 C0110